尽善尽美 弗求弗迪

PHILOSOPHY
50 ESSENTIAL IDEAS

无用的哲学

24小时读懂 50个哲学关键词

[英] 迈克尔·摩尔（Michael Moore）/ 著

贾子乔 / 译

电子工业出版社
Publishing House of Electronics Industry
北京·BEIJING

50 Essential Ideas: Philosophy

Copyright © Arcturus Holdings Limited

Published by arrangement with Arcturus Holdings Limited.

本书中文简体版专有翻译出版权由Arcturus Holdings Limited授予电子工业出版社。未经许可，不得以任何手段和形式复制或抄袭本书内容。

版权贸易合同登记号 图字：01-2024-1860

图书在版编目（CIP）数据

无用的哲学：24小时读懂50个哲学关键词 / (英)迈克尔·摩尔 (Michael Moore) 著；贾子乔译.
北京：电子工业出版社, 2025. 3. -- ISBN 978-7-121-49462-8

Ⅰ. B-49

中国国家版本馆 CIP 数据核字第 2025JR2881 号

责任编辑：王小聪
印　　刷：三河市兴达印务有限公司
装　　订：三河市兴达印务有限公司
出版发行：电子工业出版社
　　　　　北京市海淀区万寿路173信箱　邮编：100036
开　　本：880×1230　1/32　印张：8.125　字数：197千字
版　　次：2025 年 3 月第 1 版
印　　次：2025 年 3 月第 1 次印刷
定　　价：79.00元

凡所购买电子工业出版社图书有缺损问题，请向购买书店调换。若书店售缺，请与本社发行部联系，联系及邮购电话：(010) 88254888，88258888。

质量投诉请发邮件至zlts@phei.com.cn，盗版侵权举报请发邮件至dbqq@phei.com.cn。

本书咨询联系方式：(010) 68161512，meidipub@phei.com.cn。

译者序

　　哲学作为一门古老的学科，经过两千多年的传承与发展，历久弥新，闪耀着人类文明璀璨的光芒。我们从古希腊语的字面意思来理解"哲学"一词则可以相对直观地将其翻译为"爱智慧"，而思考则是钻研这门学问的重要手段。哲学的思考没有边界也没有限定，纵观整个哲学史，我们甚至可以看到，一些现今科学都还悬而未决的问题，在哲学学科中亦非陌生，如世界的诞生、时间的流变等，只要是在历史中使人类困惑的问题，我们几乎都可以在哲学史的长河中找到它们的身影，以及前人对它们的诸多思考。诚然，如果放在当今的科学视野下，前人的某些想法会令人备感荒诞，但是这些想法都是时代背景下的产物，而作为后人的我们则需要对这些勇于提出问题、解决问题的哲人抱以敬意，同时还要肯定思考本身的价值，没有千奇百怪的思维活动，人类社会就绝不可能发展到今天的地步，所以哲学在某种程度上也是对思考或思维逻辑本身进行研究的学科。

　　本书不同于那些专业的哲学史书籍，后者主要以时间跨度或哲学流派作为行文的顺序，本书则抓取了从古希腊到现代的各个时期中相对富有代表性的哲学问题或讨论较多的哲学话题，因此成为一本以问题导向为纲的哲学入门书。作者在阐述每个哲学话题时也并非仅仅采纳某一学派的哲学家的观点，他几乎将所有对该话题具有话语权的哲学家的观点都进行了归纳总结，并将其呈现在读者面前，所以在阅读本书时，读者会对每个话题形成"横看成岭侧成峰"的立体视角。另外，对于本书收录的哲学问题，作者都没有先入为主地将某些理论设定为该问题的权威性解答，而是较为公允地对几乎所有的解答分门别类进行了摘录以及客观评述，这样做的目的就是让读者在阅读的同时，和作者一同思考，形成自己对某些问题的观点。如此，学与思的结合就能让读者真正体验到哲学性的思考方式。

当然，读者也不必担心本书会像其他专业哲学书一样晦涩难懂。作者通过精简干练的语言以及丰富的图例让这本书妙趣横生，在这样的编排下，不管是已经在哲学领域有了一定见解的学者，还是一些对哲学知之甚少的读者，都能够轻松愉快地完成这一横跨千年的学习之旅。除了直观有趣的表达，本书的作者总能将抽象的理论具体化，以身边的行为或故事为例去解释它们，这样的表现形式超越了大多数的哲学教科书，能够真正让读者将思想内化于心，外化于行。

最后，借此机会，我要感谢中国人民大学哲学院为我传道授业的各位老师，你们的教诲让我得以进入哲学的世界，并一窥智慧的光芒。同时作为本书的译者，我由衷地感谢引进本书并对译稿进行编辑、校对的出版社老师们，没有你们的辛勤付出，这本书也不会与广大读者见面。

贾子乔

2024 年 7 月于北京

前　言

　　本书主要讨论 50 个重要的哲学思想。提出了这些艰深玄奥、别具匠心、影响深远的思想的哲学家们所拥有的洞察力是令人惊叹的，他们各自的思想往往凝聚了前人几个世纪的努力，同时对于其中一些理论的研究也穷尽了部分哲学家一生的心血。所以，呈现在本书中的这些思想，是他们呕心沥血对围绕着人类生活与知识的现实的终极思考。反过来讲，这些哲学家经常反思他们见过的、谈过的和考虑过的事情，并对它们进行更深层的挖掘。现在，你我之间的对话本身就是哲学实践的核心。

该画作是拉斐尔所绘的《雅典学院》，画中展现了历史上那些最重要的哲学家，画面中央站着的两个人是正在讨论问题的柏拉图与亚里士多德。

出于多种原因，了解这些思想的起源是十分重要的。可以肯定的是，几乎没有一本书可以在摆脱浩繁卷帙的情况下囊括有价值的哲学思想。所以，我将本书内容限制在50个思想的原因，首先，在于书中所提到的这些思想，不管是古希腊时代出现的，还是今时今日产生的，皆是出色且有趣的；其次，如果要认识到这些哲学家们的卓越贡献，可能需要你对这些思想进行仔细揣摩。我试着去总结这些纷繁复杂的思想，使其更加简单易懂，但是要完整理解这些思想也需要你自身的努力。有些时候，你可能需要短暂地停顿一下，去消化一个思想或重新阅读一个章节。作为回报，很少有像是去理解亚里士多德或勒内·笛卡儿的思想一样富有价值的脑力劳动了。

这本书所带来的乐趣也像其他书一样，不仅在于阅读，更在于边读边去理解。考虑到这一点，本书的各个章节都是简洁明了的，并且在文本中穿插了各种各样的插图来帮助读者理解。所以，请你也注意那些在书中出现的插图。比起其他类型的书，在阅读哲学类图书时，如果你不去理解其中的奥妙，那么你将很难享受其中的乐趣。

本书各章节大致按照时间顺序排列，大约在前三分之一，我会致力于阐释古代哲学；后三分之一则包括了从早期近代哲学到当代的诸多思想；而中间的章节则涉猎了诸多哲学概念，如善与恶、上帝是否存在等问题。

至于这些思想本身，有些代表着某位哲学家思想的绝对内核，如亚里士多德的四因说或克尔恺郭尔的人生三阶段学说；另外一些则代表了哲学领域中存在的难题，如纽科姆悖论或葛梯尔问题。本书并不是要对它们做出价值判断，而只是会指出这些不同的思想具有截然不同的背景、目标和范围。

随着阅读的深入，你将看到某些哲学思想自身即是一种哲学难题。许多思想都是独立且易于表达的——例如，芝诺悖论就很好地展现了运动的不可能性。但是，还有许多哲学思想自身依赖于其他思想，并且与其他思想相互联系，就像当我们谈及尼采的超人理论时，我们不可能对权力意志、羊群效应或上帝已死等理论避而不谈，因为它们都是正确理解超人理论的关键。

最后，出于同样的原因，本书各章节间也有部分相似之处。就像亚里士多德的范畴理论在某种意义上讲也是他对柏拉图形式理论的答复，而笛卡儿的"我思故我在"也是对怀疑论的皮浪主义的一种回应。简而言之，哲学思想的历史是相互交织的，不同的思想会相互影响，在这之中也包括了你自己的想法。

目 录

第1章	人生的终极目的	1
第2章	决定论与自由意志	6
第3章	芝诺悖论：运动和变化的不可能性	11
第4章	现实是一还是多	16
第5章	快乐在人生中扮演的角色	20
第6章	普罗泰戈拉：人就是尺度	25
第7章	沙堆悖论	30
第8章	怀疑论	34
第9章	柏拉图的洞穴之喻	39
第10章	柏拉图的理念论	44
第11章	伊壁鸠鲁的原子偏斜说	49
第12章	伊壁鸠鲁论死亡恐惧	54
第13章	四因说	58
第14章	亚里士多德的范畴理论	63
第15章	消除情绪的斯多亚学派	68
第16章	有关存在的思想	73
第17章	论上帝是否存在	78
第18章	论奇迹的可能性	84
第19章	宇宙设计论	89
第20章	善与恶	94
第21章	知识的本质	99
第22章	论不朽的灵魂是否存在	104
第23章	真理与谬误	109
第24章	尼采的超人哲学	114

第 25 章	克尔恺郭尔的人生三阶段	119
第 26 章	为最大效用而行动	124
第 27 章	在义务的边界中行事	129
第 28 章	依照德性行事	134
第 29 章	审美判断与艺术价值	139
第 30 章	时间哲学	143
第 31 章	笛卡儿：我思故我在	148
第 32 章	托马斯·霍布斯与自然状态	153
第 33 章	乔治·贝克莱：存在即被感知	158
第 34 章	大卫·休谟的因果推论	163
第 35 章	马克思的历史唯物主义	168
第 36 章	约翰·罗尔斯的无知之幕	173
第 37 章	葛梯尔问题	178
第 38 章	托马斯·库恩的科学革命观	183
第 39 章	约翰·塞尔的中文房间实验	189
第 40 章	大卫·查尔默斯的哲学僵尸理论	193
第 41 章	罗伯特·诺齐克的体验机	198
第 42 章	托马斯·内格尔：成为一只蝙蝠的体验	203
第 43 章	黑格尔的正反合理论	208
第 44 章	纽科姆悖论	213
第 45 章	逻辑实证主义	218
第 46 章	计算机模拟的世界	223
第 47 章	人格同一性之谜	228
第 48 章	人权的诞生	234
第 49 章	思想实验	239
第 50 章	语言和思维	244

第1章

人生的终极目的

人生的终极目的是什么？这或许是能够被提出来的最重要的问题之一，它影响着我们的幸福、我们的行为以及我们的未来。在古希腊，这是一个十分有趣的问题，它表现在不同哲学学派之间的争论和较量之中，因为每个哲学学派对这一问题的解释均有所不同。

通常情况下，他们把这个目的称为"*telos*"，这是一个代表着"终点"或"目的"的希腊语单词，它被亚里士多德（前384—前322）引入了伦理学理论之中。尽管我们每个人的人生目的截然不同，但是至少可以达成一个共识，即我们每个人都确有一个应该为之奋斗一生的终极目的。终极目的并不是对未来进行模糊的展望，而是要求我们当下应该如何去生活。这个终极目的并不仅仅是指引我们前进的一束光或一个建议，它自身即是善。

伊壁鸠鲁学派的观点

最具争议的学派无疑是将快乐作为终极目的的伊壁鸠鲁学派。很少有人会去否定快乐是善的，或者至少可以是善的。但是伊壁鸠鲁学派坚持快乐至上的原则，这便导致了人们沉溺于欲望，并且过着一种不道德的生活。认定其为首要的善所产生的后果便是除此之外的任何事情都可以被当作实现这种首要的善的手段。伊壁鸠鲁学派的观点不仅淡化了旁人眼中作为善的事物，而且让人们有时为了实现这种首要的善去选择那些有害的事物。因此伊壁鸠鲁学派的观点被谴责为漠视美德，甚至有时让人们为了追求快乐而去做一些可耻的事情。

斯多亚学派的观点

斯多亚学派的观点与伊壁鸠鲁学派的观点形成了鲜明的对比。他们认为美德不仅是首要的善，也是唯一的善。在这种观点下有两个显著的结果。首先，不管你身处何种艰难困苦的环境中，如遭受极端的贫穷或疾病的折磨，你都可以单凭美德来获得幸福。其次，如果没有什么可以通过剥夺美德自身的善来改变其独立性的话，那么美德自身也就不可能再增添任何东西了。所以对斯多亚学派而言，金钱加之于美德或是美貌加之于美德，看起来与美德本身所具备的善并无二致。

正如斯多亚学派和伊壁鸠鲁学派对首要的善提出了截然不同的构想，他们之间保持着激烈的哲学竞争。争端的一部分涉及寻求共同出发点，而自然本性的概念正是这样一个共同出发点。伊壁鸠鲁学派和斯多亚学派均坚信自然本性是站在自己一方的。伊壁鸠鲁学派称自然本性已经在那些自出生便会去追寻快乐的孩童及动物的幼崽身上显现，而斯多亚学派声称造就美德的自我保存本能才是真正能够在他们身上看到的东西。

第 1 章　人生的终极目的

漫步学派的观点

漫步学派（也称逍遥学派）从亚里士多德边散步边讲学的习惯中得名，他们对首要的善持有一种更为宽泛的观点，不管它拥有怎样的吸引力。亚里士多德认为人生的终极目的即是幸福本身，而这种幸福应被理解为依照理性的原则来高尚地生活的一生。但是"一生"的概念在这里不仅仅是强调持续的时间，它还包含一系列的附属品，如友谊、健康和富裕的经济条件等，这些都是在一个由同样高尚的居民所组成的城市或团体的背景之下建立起来的。所以亚里士多德认同斯多亚学派的观点，即美德是非常值得去追求的，同时他坚持认为美德与其他外在的善是相辅相成的。对亚里士多德来讲，快乐是令人心驰神往的，它是人们在追求真正的善时所获得的自然结果。

首要的善

无用的哲学

亚里士多德提出了关于"*telos*"的思想，即引导人们行为的终极目的。哲学的目的就在于帮助人们确定这个终极目的应当是什么。

柏拉图的观点

　　柏拉图（约前427—约前347）提出了一个最简单也最抽象的首要的善的概念。和亚里士多德一样，他信奉幸福并且坚持认为美德才是实现幸福的方法。幸福是通过一种态度实现的，它包含着对生活的探究，更重要的是对自我的审视。这也是苏格拉底的思想，即未经审视的生活不值得过的思想源泉。对柏拉图来讲，知识与幸福是紧密相连的，在某些场合，他强烈地暗示知识本身就足够支撑起美德与幸福。首要的善并不是像被他视为众多罪恶根源的快乐那样的平凡之物，也不是朋友间的友谊，因为凡人终有一天会归于尘埃。对我们这些终有一死的凡人来讲，我们应当关注的是善的形式。柏拉图并没有过多地告诉我们有关这个神秘概念的事情，但它在柏拉图哲学中发挥着重要的作用。这是因为正是有了善的形式，才使其他所有善的事物得以为善，甚至美德自身都是从善的形式中获取善的。它超越了我们已知的经验，以至于柏拉图说它甚至"超越了存在"。

皮浪主义的观点

鉴于目前对首要的善已有多种解释，你很可能会对哪一个才是最好的解释感到困惑。属于晚期古希腊哲学学派的皮浪主义怀疑论者似乎也在比较亚里士多德的漫步学派、柏拉图主义、斯多亚学派以及伊壁鸠鲁学派的主张时产生了相同的困惑。柏拉图主义者提出了一个完全超越性的善，伊壁鸠鲁学派则提出了一个为人熟知的善——快乐。皮浪主义怀疑论者认为这些理论以及对首要的善的思考实际上是在抑制人们获得幸福，而非引导人们获得幸福。矛盾的是，对他们而言，首要的善或终极目的恰恰是不去确定什么是首要的善。首要的善对他们而言即是一种不动心（*ataraxia*）的状态。达到这种状态的方法是去克制自我产生任何想法，因为众多的想法只会导致烦恼，烦恼即是幸福的敌人。

各学派的首要的善	
学派	首要的善
伊壁鸠鲁学派	快乐
斯多亚学派	美德本身
漫步学派	美德 + 外在与内在的善
柏拉图主义	关于形式和善的形式的知识
皮浪主义	不动心状态

第2章

决定论与自由意志

爱情、事业、友情、信仰、休闲活动以及一些举足轻重或微不足道的行为在我们的生活中似乎都是关于选择的问题。但是如果我们的生活和构成我们生活的这些选择都不是由我们来决定的,而是由其他人或其他事来决定的话,又会怎样呢?

我们无疑想要去弄清楚上述说法是否属实。但是,如果我们的行为和选择被预先决定,那我们还愿意知道真相吗?如果这个世界上存在着一个或数个神明,那么他们是否掌控着我们命运的丝线呢?

亚里士多德和他对决定论的否定

对此类问题的思考使得亚里士多德区分了未来和我们眼中的未来。他想去否定那些认为决定论是真理的观点,否定那些认为未来已然确定且不可避免的观点。他觉得只有当我们认为自己有能力使事情向好的方向发展的时候,我们才会考虑自己行动的方针,这就是亚里士多德对决定论问题的概括性评价。我们不会去留意那些对我们自身来说力有不逮,从而无法改变的事情,就像我们不会去琢磨太阳明日是否会升起。我们当然可以去考虑这件事情,也可以希望这件事情发生,但不会对其殚精竭虑,因为我们根本就没有能力去影响这件事情。但作为独立的个人,我们保留对我们力所能及之事的行动方针的思考权利。

亚里士多德指出,那些关于未来的陈述或真或假,就像一般情况下所有的陈述也都或真或假一样。亚里士多德举了一个例子,有人宣称:"明天,这里将会发生一场海战。"如果这个陈述或真或假,则它在此刻便是可真可假的。假如这一陈述在此刻为真,那么海战似乎就必然发生。如此,承认海战发生的必然性就无异于在说海战是早已被事先确定下来的。此外,过去是不可能被改变的。因此,如果过去宣称的海战将要发生一事为真,那么在未来就无法给它带来改变,因为这样做即是改变过去,而过去是无法被改变的。亚里士多德给了我们一个聪明的提议,即正如过去是无法改变的,当下也是无法改变的。如果你现在正在阅读这本书,则你正在阅读这件事便是真实的,并且你此时此刻不可能没在阅读。如果某件事情此时此刻正在发生,与过去和未来相比,我们似乎与这个结果有直接的关系。

除了对必然性和命运的本质更为抽象的思考,在亚里士多德的思想中还有涉及人的方面。亚里士多德讨论了自发的行为,它的定义即是,我们做出的那些不会被无知所干扰、能够根据信仰等内在的原则来决定的行为。非自发的行为则是超出我们自身控制范围的行为,就像一名水手被暴风雨卷入大海之中。有些行为在有限的意义上既是自发的,也是非自发的,因此亚里士多德称其为混合的。例如,一名水手在遭遇暴风雨袭击时将货物扔下甲板以保护船只和人们的生命。在这个事例中,水

无用的哲学

手完全知晓他在做什么,但是这件事情本身是非自发的,因为正是在暴风雨这种特殊情况的逼迫下,水手才做出了他一般不会做的一系列行动。

拥抱决定论的斯多亚学派

不同于亚里士多德,斯多亚学派相信一种我们今天称为相容论的观点。这种观点认为事物既是被预先决定的,又是被自发选择的。为了理解这种特征是如何在日常的抉择中体现出来的,我们需要进一步了解两个斯多亚学派的学说。一个是个体本性的概念。我们每个人都有一个真正属于自己的特征或者说本性,它是我们接受道德教育和做出决断的结果。另一个是印

明天将会发生一场海战这个陈述或真或假。

如果陈述此刻为真,那么明天是否会发生海战已经被预先决定了。

亚里士多德的海战悖论。

第 2 章 决定论与自由意志

象的概念。对斯多亚学派来讲，印象是事物出于种种原因表现出的可取或不可取状态。如在经历了漫长的一天之后，一碗热气腾腾的浓汤和一个温暖舒适的被窝。汤给我们带来了美味可口的印象，因此我们采取了喝汤的行动。我们固然有能力不喝这碗汤，然而一旦我们开始品尝这碗汤，就会产生一种感觉，即这碗汤使我们成为现在的样子：因为在生理层面上，我们享用并消化了这碗汤；在心理层面上，我们可以继续去品尝它并思考这碗汤给我们带来的好处。我们对这碗汤的反应就是对我们的特征或本性的一种映射，所以在某种意义上讲，我们对这碗汤的反应皆出于我们是怎样的一个人，所以是自发的；同时又是非自发的，因为汤使我们的特征以某种特定方式表现了出来。

如果陈述此刻为假，那么明天是否会发生海战也已被预先决定了。

无用的哲学

斯多亚学派关于自由意志的观念由山上的一块圆形石头生动地诠释了出来。这块石头位于山顶，某人或某物推动了它。我们可以把这一推类比成前文的印象，就像看了一眼那碗美味可口的浓汤。在被轻轻推动之后，这块圆形石头向山下滚动，速度越来越快。虽然最开始的动力源于外部，但它的影响微乎其微，因为绝大部分的运动皆来自石头自身圆形的特征所带来的动力。同样，虽然我们受到了印象的刺激，但决定我们多数行为的依然是我们的本性。

虽然石头最初需要被轻轻一推，但后续的动力都来自它自己。

斯多亚学派关于自由意志的观念。

第3章

芝诺悖论：运动和变化的不可能性

只有疯子才会否认宇宙中存在运动。火车、汽车、蜜蜂、飞鸟、狗、云彩等只是会运动的事物中的很小一部分。每天有无尽的运动呈现在我们眼前。但是埃利亚的芝诺（约前490—约前425）否认了这一点。

他试图以此捍卫其导师巴门尼德（盛年约在公元前475年）关于宇宙是一的观点。芝诺认为，如果运动的概念可能存在，这会给宇宙万物具有多样性这一观点留出余地，因为运动是一种变化，而变化需要差异。为了否认运动，芝诺提出了几个他认为能够展现出运动的不可能性的悖论。这些悖论并不是为了去证明宇宙的本质而被设计出来的。毋宁说，芝诺想让它们扮演纯粹反驳性的角色，从而表明宇宙万物具有多样性是多么荒谬的观点。

埃利亚的芝诺提出了一些在哲学领域中最著名的悖论，如飞矢不动、阿喀琉斯与龟。

无用的哲学

飞矢不动

在芝诺否认运动的诸多证明中,最难令人信服的可能就是关于飞矢的悖论。这个悖论需要我们将时间想象成一串连接在一起的当下。时间被认为是这些当下的集合,所以如果运动要发生,它必然发生在一定时间之内,在某些意义上讲,时间可以被理解为当下。运动中的某物,在此例中指飞矢,即处在一个当下,它并没有运动,因为当下这个瞬间并不会发生运动——它处于一个既不会向未来迈进,也已经从过去走来的位置。飞矢处于当下,因而是不动的。毫无疑问,芝诺提出飞矢不动悖论,是为了让人们更容易相信其他事物也不会运动。

二分法

这是芝诺提出来的最简单也是最著名的一个悖论。在这个悖论中包含一个不动的目的地、一个试图到达这个目的地的人和二者间距离。芝诺认为,在这个构想下,此人永远不可能真正到达目的地,因为他必须先抵达自己的位置和目的地之间的中间点。但是在他到达这个中间点之前,他必须先抵达自己的位置和这个中间点之间的中间点。而在他抵达这个中间点的中间点之前,他不得不先抵达中间点的中间点的中间点。可以想象,这一系列的中间点是无穷尽的。最终,他不可能到达目的地,因为他要先经过一系列无穷无尽的中间点。结果表明,运动是不可能的。

阿喀琉斯与龟

另一个悖论在传统上被称作阿喀琉斯与龟。在这个悖论中,阿喀琉斯正试图追赶一只乌龟。因为这只乌龟的移动速度

第3章　芝诺悖论：运动和变化的不可能性

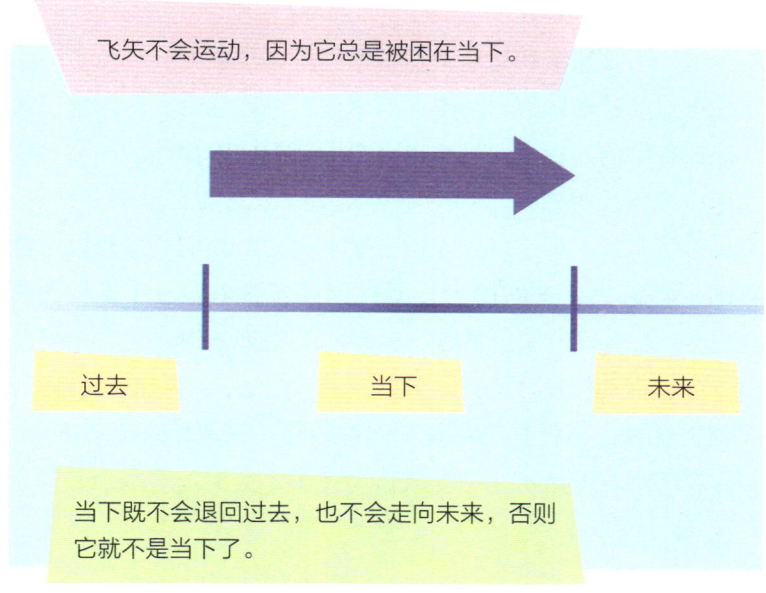

飞矢不动悖论

相当缓慢，所以它被给予了相当长的领先距离。这个悖论包含着一个非常合理的假设，即阿喀琉斯的速度比乌龟快很多。但是阿喀琉斯永远也追不上这只乌龟，因为他根本不可能做到这件事：阿喀琉斯必须先跑到乌龟当下的位置。他们之间的实际距离并不重要，我们不需要精确地知晓其具体长度。

我们最好将阿喀琉斯的目的设想成到达乌龟所在的位置，而非追上乌龟。因为，我们将在下一个瞬间看到那只被追赶的乌龟越过它当下所处的位置。这一瞬间足以让阿喀琉斯抵达他出发时乌龟所在的位置。诚如芝诺希望呈现的那样，如果阿喀琉斯在最开始就无法抵达乌龟所处的位置的话，那么可以肯定，阿喀琉斯将永远不可能追上这只乌龟。

阿喀琉斯无法追上这只乌龟的原因是这只乌龟永远在移

无用的哲学

动。每当阿喀琉斯动身去追它,它就会移动到一个新的地点。实际上,阿喀琉斯和乌龟最初相距甚远,乌龟可以轻而易举地以任意速度移动,使得阿喀琉斯永远也不能追上它。因为在阿喀琉斯移动的过程中,乌龟也正在向新的位置移动。虽然乌龟的速度缓慢,但它可以在阿喀琉斯追上来之前爬过些许距离,不论多长都行。为了使这个例子更加生动,我们可以假设乌龟移动 1/4 英寸(0.635 厘米)要比阿喀琉斯移动 1/4 英里(约 402 米,即阿喀琉斯出发时二者之间的距离)快。这看起来是个十分合理的假设。因此,当阿喀琉斯赶往乌龟在他出发时所在的位置时,乌龟早已移动了些许距离,这段距离不算太长,但它在阿喀琉斯追上来之前就移动完了。其实,这是一个复合

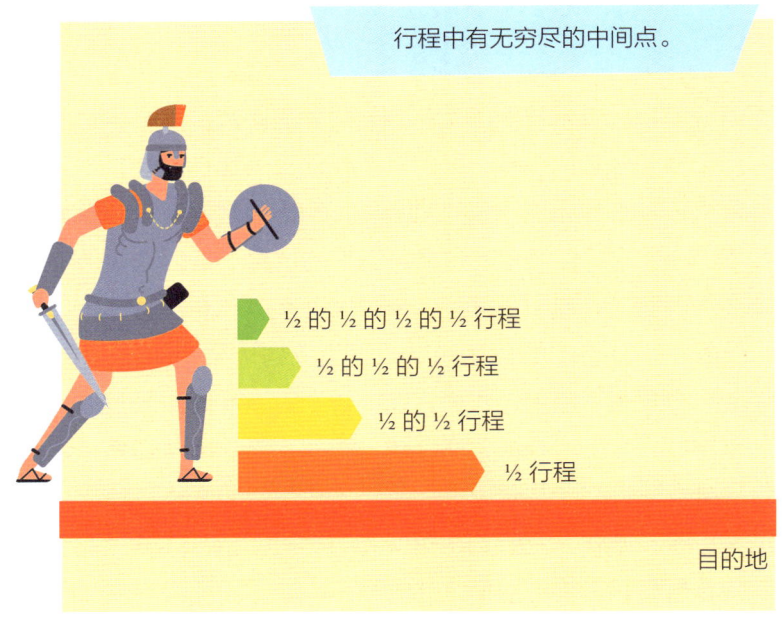

二分法悖论

第 3 章　芝诺悖论：运动和变化的不可能性

的过程，因为每当乌龟移动些许距离时，它都能在阿喀琉斯追上来前移动完毕。

在阿喀琉斯与龟的悖论中，阿喀琉斯永远不可能真正追上乌龟，因为在这个过程中有没完没了的"追赶"等待着阿喀琉斯去完成。每当乌龟移动的时候，它都比阿喀琉斯要快，这不是指速度，而是指乌龟增加了它曾到达过而阿喀琉斯不得不再赶往的位置的数量。这些阿喀琉斯必须赶去的位置无穷无尽，因此他不可能真正追上乌龟。

芝诺悖论不仅启发了我们的实践，也推动了我们对实践的反思。或许正因如此，在我们看来，这些悖论既是可能的，又是不可能的。如果这些悖论不能说服我们相信运动是不可能的，那么它们就会迫使我们去琢磨运动是如何成为可能的。

第4章

现实是一还是多

也许最基本的哲学问题就是现实是否存在以及它到底是什么样的。上帝是否存在或者我们自身在宇宙中位于何处实际上可以被理解为这个问题的变体,因为相关信息都是我们想要去了解的最重要的现实的特征。

另一种探究现实的方法可能是你不曾设想过的道路。这是一个关乎作为一切存在的宇宙是一还是多的问题。宇宙是一,这是一个显而易见且不足为道的观念,因为我们用"宇宙"这个术语来指代一切存在的总和。但是古希腊人痴迷于一与多的问题,有关这一问题的争论影响了哲学史很长一段时间。

巴门尼德与存在

在古希腊,最为杰出的一元论拥护者是哲学家巴门尼德。他的著作大部分都已失传,但是我们依然能在他的诗歌作品《论自然》中发现许多他明确表达的宇宙是一的观点。这首诗歌以现代人的理解来说是

巴门尼德是最具影响力的一元论拥护者,一元论认为世界是一个整体。关于宇宙是一还是多的争论持续了数个世纪。

有些奇怪的,因为诗歌中的女神传达了两种不同的说法,而其中之一才是真理之道。除了拥护他自己的观点,这首诗歌在传统意义上被理解为把批评的矛头指向了其他认为宇宙具有多样性的哲学观点。

一元论认为,世上只有一个实体,即宇宙,这种观点并没有什么直观吸引力。我们能看到身边有不同种类的事物。我们自身都是独立的个体,我们还能看到自行车、云彩、星星、海洋、浴缸和椅子。谁又能认为这一切是一个整体呢?更不用说把一些想法串联起来论证这就是事实了。

我们应该做的第一件事情就是讨论巴门尼德对存在的理解。与绝大多数人一样,巴门尼德认为,如果某物实存(exists),则它存在(is)。这种观点可以应用于任何事物,如一只狗或一双鞋。到目前为止,这一点是毫无争议的,甚至可能因为它太过朴素而无人特意提出。但是存在具有相反的一面——那就是非存在。通过非存在的概念,巴门尼德希望指明什么是未实存的东西,什么是不存在的东西。但当我们讨论非存在的时候,一些奇怪的现象出现了。我们可以称非存在未实存,它即是虚无。对这个概念来说,最重要的一点是一些未实存的东西存在。

存在者不可能不存在,否则便是非存在

到目前为止,我们可以赞同巴门尼德关于存在与非存在的概念。巴门尼德真正的影响力在于他对存在与非存在二者定义的执着。存在者存在,非存在者不存在。这不仅仅是毫无意义的复述。巴门尼德想要以此表达如果某物存在,它就不可能不按照它的存在来存在。如果它不再是其所是,它就不能以此存在——但是我们已经假定了存在者存在。如果说存在者不存

在，那么这就是胡言乱语，就像在说黄色是黑色一样。对存在来讲，这种论述就更加荒谬了，因为黄色和黑色二者并不对立，而存在与非存在是严格对立的。

最近对巴门尼德哲学观点的分析已经将焦点转移到他对语言的主张上。在巴门尼德的理论中，有个极其大胆的表述："你既不能知道什么是非存在……你也不能对它进行言说。"这句话的后半句常常被解释为，因某物未实存，所以我们不能对其进行言说（或者应当噤声）。如果我们关注话语所代表的最基本的含义的话，一个更加有趣的可能性就会显现出来。语言的一个假设是，当我们使用了一个单词，尤其是名词的时候，它所描述的是在我们自身之外的某物。当我们提到苹果、自行车和云彩时，我们是在言说某物。因此，如果我们言说某个未实存或不存在的东西时，实际上我们不是在谈论非存在，而是依然在对存在进行言说。这并不意味着非存在是存在的，也不意味着有某种非存在的存在。相反，它意味着我们根本不可能谈论非存在，因为在使用语言的过程中，我们会不知不觉地相信那些我们所谈及的东西都是存在的，即使是以某种受限制的方

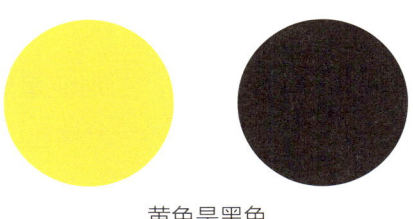

这种论述是极为荒谬的

黄色是黑色

所以相似的论述也是荒谬的

非存在是某些存在的东西

式存在。

如果这种解释是正确的,那么显然巴门尼德把"存在"当作了"实存"的同义词。毫无疑问,巴门尼德对存在的概念很感兴趣。存在的概念在巴门尼德的理解下至少可以用两种方式进行解释。一种是存在的可能性,另一种是可设想性。巴门尼德认为存在的这些方面都是密切相关的。如果某物能够被设想出来,它就是实存的;如果它不能被设想出来,它就未实存。

巴门尼德在一定程度上成功地阐明了他的观点。一方面他认为,如果某物实存,我们就能去思考这个东西。这一点似乎非常合理。存在问题的是另一方面,即那些未实存的东西就不可能实存。这就是对他主张的"非存在不能被言说"理论的重新表述。这个表述排除了任何形式的变化或新的存在的诞生:出生、创造、衰老或者任何类似的事情。当然,这对相信只有一个存在的巴门尼德来说不是什么难事。如果我们将巴门尼德的思想表达得更清晰一点的话,那就是如果一个东西现在不存在,则它将来也不可能存在。

存在与非存在

	存在	非存在
可被言说	是	否
不可言说	否	是

第5章

快乐在人生中扮演的角色

伊壁鸠鲁（前341—前270）作为其哲学学派的创始人而闻名于世，同时，无论事实是否如此，他也以放浪形骸而声名远扬。这种名声源于他坦言自己是一名快乐主义者（hedonist），而该词来源于希腊语中意为快乐的"*hedone*"一词。

然而，这并不意味着快乐主义在某种程度上是一种蒙昧无知的观点，或缺乏关于为何要秉持该主义以及怎样依靠它去生活的理性表述。

快乐的一般范畴

伊壁鸠鲁的快乐论源于他认为世界本质上是物质性的，物质就是世间的一切。更重要的是，他认为来世并不存在，神也不会关心我们今生是如何行事的，因为他们处于一种对世人来讲遥不可及的幸福状态，所以他们对我们自身的那些忧虑漠不关心。身体的感觉深深地根植于物质世界，这些感觉对伊壁鸠鲁来讲是如此的重要，以至于他说，如果没有身体的快乐，他就不会知道什么是快乐。除了这种概念上的表述，在伊壁鸠鲁看来，还有许多其他的方式可以让我们认识到快乐才应是我们首要追求的目标。快乐是最小的婴孩或动物的幼崽在生命中最

第 5 章　快乐在人生中扮演的角色

先寻求的东西。他们寻求着食物、饮水、庇护所，以及友情所带来的快乐。这些事物的共同特点便是它们都符合快乐的一般范畴。

但是伊壁鸠鲁并不提倡诸如聚会、饮酒这类铺张浪费的生活。相反，他认为恰恰是最朴素的快乐，如喝水、吃面包才是最好的。这部分是出于谨慎，例如，饮酒可能会导致宿醉，而宿醉的总体感觉是十分糟糕的，所以这一可能带来的后果必须被纳入饮酒这一决定的考虑之中。另外，过一种有节制的生活也有着积极作用。如果你习惯于只吃面包的话，那么你不仅会享受到限制食欲带来的快乐，而且当你罕见地享用美味佳肴或是更多的食物的时候，你便会更加快乐。

动态和静态的快乐

我们可以对比吃面包、喝水带来的快乐和吃鱼子酱、喝酒带来的快乐来说明伊壁鸠鲁对快乐的两种辨识方案。在第一个方案中，伊壁鸠鲁区分了动态的快乐和静态的［专业术语称之为恒久的（katastematic）］快乐。二者之间的差异并没有预想的那么明显，这主要是因为伊壁鸠鲁讨论这些概念的文本已经丢失。但是二者的本质区别在于静态的快乐来源于对自然状态的恢

伊壁鸠鲁最著名的观点是我们应当将追求幸福和快乐作为首要目标，他也认为避免痛苦同样重要。

无用的哲学

按照效果分类的快乐	
动态	静态 / 恒久
不恢复自然状态	恢复自然状态
例如：在你已经解渴之后饮酒	例如：在你口渴的时候喝水

复和补充，而动态的快乐则是一种超越了这种简单满足感的快乐。缓解口渴就是静态快乐的例子，因为它使我们恢复到了不会感受到口渴这种痛苦的状态。在沙滩上策马则是一种动态的快乐，这种快乐超越了静态的快乐的简单满足感。但是这并不意味着动态的快乐比静态的快乐更可取，正如我们将看到的，我们应当在生活中追求静态的快乐。

快乐的自然性与必然性

快乐的另一种辨识方案或分类方式包括三个层面。它源于对快乐是否自然或必要的考虑。有些快乐是自然且必要的，进食、喝水以及有安身之所带来的快乐都属于这一类。还有一些快乐是自然却不必要的，如享用美食与满足性欲所带来的快乐。最后一类指的是那些不自然且不必要的快乐，它们集中在权力、名誉和财富等方面。这三种快乐形成了一个层级体系，其中自然且必要的快乐是我们最应当去追寻的部分，自然却不必要的快乐有时是被允许追寻的，不自然且不必要的快乐是我们应当完全避免的。有一种可能的快乐类型并没有出现，我们可以猜到，那就是不自然却必要的快乐。缺失这种快乐类型是因为伊壁鸠鲁相信自然已经提供了我们自然而然所渴望的一

第5章 快乐在人生中扮演的角色

切。所以,如果某些东西对我们来说是必要的,如食物,那么它也会是自然的。伊壁鸠鲁认为,扮演天意这一角色的自然会让人们很容易获得那些带来自然且必要的快乐的东西,如食物。像面包这样的食物所带来的快乐是非常容易获得的,然而自然并没有给我们任何指示说它会轻易地给我们提供一顿有三道海鲜佳肴的大餐。

自然为我们提供了诸如食物和饮品之类带来快乐的东西。一方面,这些东西被理解为带来了静态的快乐;另一方面,它们也被理解为带来了自然且必要的快乐。这些互补的对快乐的分类也给伊壁鸠鲁的快乐概念带来了另外一个核心要素——痛苦。食物带来的快乐与饥饿带来的痛苦形成了对比。我们可以认为食物带来的快乐是必要的,因为如果没有它,饥饿带来的痛苦最终会把我们带到死亡的终点。

痛苦在快乐主义中也扮演了关键的角色。也许正是通过与痛苦进行对比,我们才能认识并重视快乐,而且痛苦往往是先于快乐的,这样我们才能享受痛苦过后所显现的快乐。也许在伊壁鸠鲁的理论体系中最令人惊讶的部分在于他认为最大的快乐就是没有痛苦。假如有种不是因没有痛苦而生的快乐,那它

快乐的另一种分类方式

	自然	非自然
必要	易于获得,应当追寻,例如,食物、饮水、庇护所	不存在于世,一切必要之物都由自然提供
不必要	不易获得,允许追寻,例如,佳肴、性欲	不易获得,应当避免,例如,财富、权力、名誉

无用的哲学

就只是快乐的一种变体。这表明，就快乐的质量而言，没有痛苦就是最高形式的快乐，而其他的快乐只是一些变体，无法超越这种最理想的状态。对于没有痛苦，即最大快乐的认知也让伊壁鸠鲁确定没有痛苦就是人生中首要的善。身体没有痛苦，灵魂没有烦恼，这便是人生的目标。

第6章

普罗泰戈拉：人就是尺度

> "人是万物的尺度。"你肯定已经听过这句名言了，它用拉丁文写作"*homo mensura*"。这句话通常被认为是所有人文主义者努力的目标，它的出现比文艺复兴和启蒙运动要早得多。

该思想在古希腊的背景下并不完全具有积极的内涵。在当时的环境下，人们把它与否认真理以及否认神在什么是正确的、什么是最好的问题上拥有绝对话语权联系在了一起。

"人就是尺度"

普罗泰戈拉（约前490—约前420）想表达的完整思想是："人是万物的尺度，是存在者存在的尺度，也是不存在者不存在的尺度。"

从一开始，我们就很难界定普罗泰戈拉这句话的范围。这句话中的"人"是指全体人类、人类的事业，还是指每个独立的个体呢？

一种对尺度命题的含义极为重要的分析来自柏拉图。他将普罗泰戈拉的观点解读为某一事物在某人看来是什么样子的，那么它就是这个样子的。当我在吃巧克力的时候，如果巧克力看起来使我愉悦，那么它就是使我愉悦的东西；如果巧克力在多萝西看来奇形怪状，那么它对多萝西来讲就是奇形怪状的。在一般意义上，这将尺度命题与感知密切联系了起来。如果某一事物被某人认为是某个样子的，则它对那个人来讲就是那个样子的。或许味道的例子太过明显，因为我们已经倾向于承认味道是一种"口味问题"，每个人都可以有自己的偏好。柏拉图用了一个关于风的不太常见的例子。我们也可以用风的例子来理解这一点。假如我刚刚在阳光下跑完马拉松，现在停留在公园里。此时清风拂面使我从精疲力竭中恢复过来，这一刻我可能会想：好凉爽的风呀。与此相反，假如你刚刚离开空调房，一迈出房门，你就会说："好热的风呀。"这风对我来讲是凉爽的，对你来讲是热的。如此，你我怎么可能理解彼此那对风截然相反的感受呢？

柏拉图对普罗泰戈拉的反驳

对柏拉图来说，普罗泰戈拉的观点是对真理的破坏，十分危险。因为假如我们不能感知到事物的真实情况如何，我们就不能到达真理的领域。我们对食物和风等事物的反应是微不足道的，但是对美和正义等的理解又如何呢？不同的人对美和正义的理解截然不同，这个结论对柏拉图来讲是完全不可接受的。柏拉图拒绝接受尺度命题的内涵，而普罗泰戈拉想表达的意思很可能超过了感知的范围。他很可能认为"人就是尺度"适用于各种各样的判断，而非限定在被我们的感官所捕捉到的事物上。

如果要将尺度命题更加宽泛地表达出来，那么我们可以在相对主义的概念下对其进行解释。对这一概念最为有力的表述是，无论讨论什么话题，所有观点都一样好。需要指出的是，

第 6 章　普罗泰戈拉：人就是尺度

杰克觉得很热

风

吉尔觉得很冷

风到底是冷的还是热的？

当我们以这种方式讨论尺度命题时，我们正坚定不移地站在认识与知识的领域中。人们确实或应当有权去思考或坚信他们所想——这不是一种法律层面的主张。

尺度命题的自我矛盾

如果所有观点都一样好，那这到底意味着什么呢？举例来讲，柏拉图认为这是自我矛盾且不可能的。你可以想象一下，有两个人拥有两种不同且互斥的观点。你说："毕加索的艺术作品很伟大。"而你的朋友说："毕加索的艺术作品很糟糕。"之后你巧妙地回复他："我认为你对于毕加索艺术作品的观点是错误的。"你那位讨厌毕加索且赞同尺度命题的朋友就必须

无用的哲学

一切都是相对的这一说法自我矛盾。

向你承认他的观点是错误的。因此毕加索的艺术作品确实很伟大。由此，相对主义的核心要义让它走向了自我矛盾。这甚至可以更为直接地应用在尺度命题中：我不赞同尺度命题，因此对我来说"人就是尺度"实际上是错误的，其结果就是"人不是万物的尺度"。

但是对尺度命题或至少对更加温和的尺度命题来讲，的确

第 6 章　普罗泰戈拉：人就是尺度

存在一个明显正确的观点，那就是事物绝不会以相同的方式向所有人展现出相同的样子。有些时候，我们感知上的差异巨大：我认为这是一种绿色，而你认为这是一种蓝色。有些时候，我们的认知也会出现巨大的分歧：我认为这是好的，你认为这是坏的。必须承认，我们总会情不自禁地思考和感知我们是如何去思考和感知的，这是我们自身的机能。这似乎带来了两个结果。第一，我们不能避免从自身的角度来理解世界。第二，这对哲学实践产生了严重的威胁，因为我们已经从自身的角度出发形成了对世界的理解，如果不从根本上改变观念，我们就不能说服彼此。

因此，它带给了我们一个令人绝望的结论，即关于世界的真理被永远地阻绝在了我们的身前，因为我们每个人都戴着一副有色眼镜。若要避免这一可怕的后果，就要承认人们所相信的事情和真相之间存在着一条鸿沟。"在我看来它是这样的"，这句话传递出的是一些关于人们自己及其与世界关系的观点。但是，严格意义上讲，它并不能从本质上衡量什么是真实的、什么不是真实的。只有这样，"人就是尺度"这一学说才不至于滑向唯我论，即只相信自我存在（其他任何事物都不存在）。"人就是尺度"涉及更多的是衡量事物的人，而非那些被衡量的事物。

第7章

沙堆悖论

沙堆悖论源于堆积物的一个简单特性。虽然这个悖论背后蕴含的思想易于理解，但是要从该悖论中得出结论就需要我们去解决几个难题。

该悖论是极其复杂的，以至于古代怀疑论学派充分利用了在沙堆悖论中遇到的困难，将其作为怀疑认知可能性的多种手段之一。

沙堆悖论简介

一个男人走到你面前，对你说他十分困惑。他想要了解"堆"到底是什么，问你能否为他指点迷津。当你同意了他的请求时，他就会拿出一桶沙子和一把镊子。你看着他用镊子夹出一粒沙子放在地上，这时他问你"这是一个沙堆吗？"，你笑着给予了否定。之后他夹出第二粒、第三粒沙子……将它们都放在了第一粒沙子旁边，而每一次他都会问你这是否是一个沙堆。你每一次都给予了否定，但你开始变得紧张，因为你知道这里正在发生什么。在每一次增加一粒沙子之后，他都会问你这是不是一个沙堆。那么你会在何时承认这就是一个沙堆呢——在100粒、101粒或者1000粒时？这就是沙堆悖论中的核心问题，即确定到何时这是一个沙堆，而在那之前不是。

第 7 章 沙堆悖论

到何时这才是一个沙堆呢?

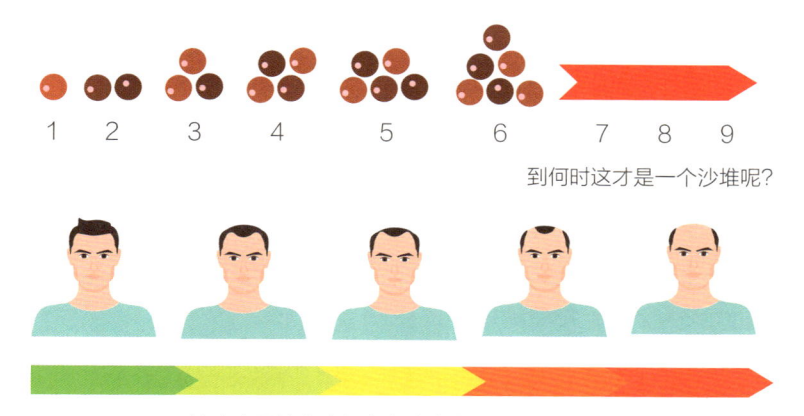

这个人要掉多少根头发才会成为一个秃子呢?

如今,沙堆悖论并不需要局限在堆积物上,它也可以应用在脱发和衰老上。如果一个人有 10 万根头发,我们不应该称其为秃子,但是如果他只有 100 根头发呢?也就是说,到了一定程度时,我们必须确定这一点。沙堆悖论的这种动态特性使得相关案例源源不断。

还有许多问题与沙堆悖论有所关联。除了一粒一粒地增加沙子,我们也可以从已经存在的沙堆中一粒一粒地减少沙子。我们可以在每一次减少沙子后询问到底何时它才不是一个沙堆。我们对递增或递减的情况都同样感到困惑,无法确定它何时是一个沙堆,也无法确定它何时就不是一个沙堆了。

沙堆悖论中的递进式难题

沙堆悖论中另外一个令人费解的方面是其逻辑运作方式。大家当然都同意一粒沙子不能堆出沙堆。但是如果在任意一个特定时刻,你说"现在它就是一个沙堆",那么一些非常奇怪的事情便会随之而来。假设你在有 500 粒沙子的时候说沙堆已

031

无用的哲学

成,这就意味着有 499 粒沙子的时候它仍然不是一个沙堆。而这相当于你已经承认了,加一粒沙子就能将其变成沙堆。但当你开始堆沙子的时候,你已经同意了一粒沙子并非一个沙堆,所以现在一粒沙子就决定了沙堆是否堆成,这非常诡异。我们可以用另一种更加符合我们常识的方式来表达:我们很难相信拿走一粒沙子就会使沙堆不再是沙堆,因为不论沙堆是什么样子的,它都已经大到足以容许少一粒沙子。

我们也可以用不同的方式来说明一粒沙子与沙堆相比几乎是沧海一粟。因此,取走一粒沙子对整个沙堆来说是无足轻重的。但是这可能会让赞同者得出结论,认为一粒沙子也是一个沙堆。如果我们说 1000 粒沙子是一个沙堆,则取走一粒沙子,剩下的 999 粒还是一个沙堆;如果我们从 999 粒沙子中取走一粒沙子,剩下的 998 粒沙子依然是一个沙堆。我们可以继续上述操作,直到只剩下一粒沙子时,我们仍可以说它是一个沙堆。因为如前所述,取走一粒沙子后,沙堆仍然是沙堆。这似乎很难否认,因为堆积物的特性就是能够容许最轻微的减少,在这个例子中是一粒沙子。

到目前为止,我们已经看到沙堆悖论所具有的模糊性、定义、语言甚至数学上的争议。在该悖论中,我们也观察到了一

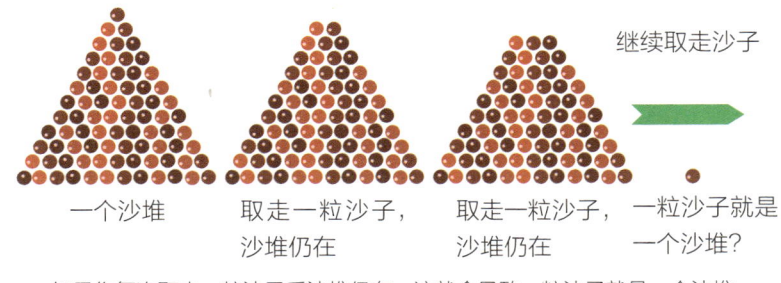

| 一个沙堆 | 取走一粒沙子,沙堆仍在 | 取走一粒沙子,沙堆仍在 | 继续取走沙子 → 一粒沙子就是一个沙堆? |

如果你每次取走一粒沙子后沙堆仍在,这就会导致一粒沙子就是一个沙堆。

些其他的事情。在任何情况下，一粒沙子都不能与沙堆直接进行比较；只有我们将操作一步步进行下去时，这个悖论才会逐步显现。

沙堆悖论的难点到底是什么？

由于沙堆悖论中对堆、秃子等定义的模糊性，很多哲学家放弃了该悖论背后的概念。这是一种极端的举措，因为它实际上否认了堆的定义，也否认了它可以在日常生活中被应用。另一种同样极端的举措则是咬紧牙关，毫不动摇地肯定堆的存在，认为它是被某个具体的数字所界定的。因此，如果 500 粒沙子组成了一个沙堆，那么 499 粒沙子就不是沙堆了。而我们这样宣称只是出于语言习惯。我们这样说了之后，就认可了沙堆是由 500 粒沙子所组成的。

最后一个解决沙堆悖论的方法是区分语言和认知。也就是说，堆是一个模糊不清的术语，我们可以自由地使用它，而不需要受认识的束缚。它可能是一堆东西，也可能不是，这个术语正是因其自身的模糊性而被使用的。

第8章

怀疑论

"怀疑论"是一个在现代社会中经常出现的词,它指的是一种站在怀疑立场的对立性态度。这不完全与怀疑论在古代的运作方式背道而驰。怀疑论自身就是一种复杂且有原则的完整的哲学运动,它出现在两个主要的哲学学派当中。

学园怀疑论

学园怀疑论因其起源于柏拉图学园而得名,但它并非产生于柏拉图时代,而是在柏拉图逝世许久后,后人对他遗留下来的文本进行分析,从而产生的哲学学派。众所周知,在柏拉图的对话录中记载了苏格拉底对勇气和节制等抽象概念定义的探究,这些对话的结尾往往没有明确的结论。正是因为柏拉图的文本有这一特点,加之苏格拉底"自知其无知",怀疑论在柏拉图学园逐渐被接纳。

在柏拉图死后,另一位哲学家接替他成为学园的领袖,待到这位哲学家逝世后又由其他哲学家扛起学园的大旗。阿尔克西拉乌斯(约前316—约前241)便是其中之一,他在约公元前268年至前266年接管学园期间将怀疑论引入。由于他主要以口头方式传授哲学,所以没能留下什么书面作品。怀疑论表现在了辩证的交流或讨论上,即其他人的观点总是有待审查。

第 8 章 怀疑论

这种审查不仅仅是为了找出对话者的信念，更是为了检验对话者所说的内容——而且是根据对话者所秉持的其他信念，而不是将怀疑论者提出的某种标准作为真理去检验的。通过这样的程序，学园怀疑论者们就能够根除他们同时代人的许多不同信念间的矛盾。

如果上面的描述听起来具有对抗的性质，那也是有充分理由的。在这个时期，怀疑论者与斯多亚学派陷入了激烈的哲学论战。斯多亚学派认为真理是有标准的，这几乎是在公然藐视激进的怀疑论者对各种信念所展开的攻势。

一个罗马人对柏拉图学园的描绘。在柏拉图死后，他的学园开始发展怀疑论学说。

无用的哲学

真理的标准

真理的标准是我们通过对外部世界进行观察进而在思想上形成的某种印象。"印象"（impression）这一术语最早是一个隐喻，即真理就像模具被按压进了炽热的蜡中一样深深印入了我们的心灵；基于这个隐喻所拥有的力量，斯多亚学派把这种理解真理的过程称作"认知印象"。认知印象揭示了世界在某些方面的真实面貌，因此它是正确的。而真理的标准具体如何引导人们获取真理，甚至是否能引导人们获取真理，到目前为止仍存在争议。总而言之，真理的标准提出，我们可以对世界的某些方面有一种认知，而这种认知完全真实地还原了世界的状况。我们最好将真理的标准设想成一种事物以及一种方法。它是一种事物，因为它确实是某种真实的东西；当然，鉴于其展现形式，它也是一种方法。不管怎样，认知印象有它自己独特的性质，因此我们可以说它自己宣称了自身的正确性。当我们遇到了这种真理宣言时，也只有当我们遇到这种宣言时，我们才会同意这种印象——此时，我们便掌握了真理。

无须多言，学园怀疑论者并不满意斯多亚学派所构建的标准。他们的反对意见集中在那些可能存在（实际上也确实存在）的错误印象上，这些印象很难与认知印象相区分。其中一个比较著名的例子是把一个真苹果放在一个蜡做的假苹

你能分辨得出来吗？

蜡做的苹果和真苹果

一个鸡蛋和另一个鸡蛋

第 8 章 怀疑论

果旁边。你可能会看着两个真假难辨的苹果而发愁,最后错误地拿起了假苹果并咬了下去。

皮浪主义

一种更加激进的怀疑论形式出现在了皮浪(约前360—约前270)的思想中,虽然他的著作大多早已遗失,但是他的一些观点被后世的哲学家作为传统予以留存并重新进行了表述。如果我们追溯怀疑论的发展历程,从学园怀疑论到皮浪主义,怀疑现在已经被应用到了所有的信念和表象中。在这种被强化了的怀疑论体系中,怀疑论自身已经上升为一种生活方式。怀疑论的终极目标变成了实现内心的平静。内心的平静可以通过几种方法得以实现。首先我们应该明白,信念是破坏或消除这种内心平静的根源之所在。最明显的例子就是各个哲学学派所宣扬的各式各样的信念,它们往往会受到其他哲学学派的驳斥。除此之外,我们信奉的这些教条所带来的争端,无疑也会扰乱内心的平静。

除了这些比较明显的例子,皮浪的内心还存在一种忧虑,即任何一种信念,不管它看起来多么无伤大雅,都会导致我们内心的平静被破坏。

与内心的平静相对立的信念

信念到底是如何扰乱我们内心的平静的?关于这一点,

这座皮浪的半身像或许反映了他外在的沉着源于内心的平静。

无用的哲学

有几件事需要说明。我们经常根据我们自己的信念行事，哪怕我们的信念是错误的，我们的行为也会发生改变。例如，如果我们觉得要下雨了，我们就会穿上雨衣、雨靴，带着伞出门。即使没有下雨，我们的行为也会受到影响：我们的着装已经发生了改变。根据怀疑论者的观点，我们根本无法确定真理。如果我们将内心的平静作为人生的终极目标，那么信念除了阻碍我们获得内心的平静便一无是处。

通往内心平静的道路会被信念所阻挡，因此我们必须消除信念。但是这又该如何做到呢？皮浪主义者们所倡导的主要策略是试图抵消信念。如果有人相信眼睛是现实的忠实记录者，那么他们就会去论证眼睛有多么的不靠谱。通过提出强而有力的反驳，他们就可以说服人们相信不是一方正确、一方错误，而是双方显然都是正确的，所以它们也就都是错误的。这样的做法使人们悬置了对信念的热忱，同时帮助怀疑论者达成了终极目标——内心平静。

皮浪主义的目标

是什么扰乱了内心的平静？	各种信念
如何抵消这些信念？	对这些信念提出反驳

第9章

柏拉图的洞穴之喻

关于洞穴存在着很多联想，有些是原始的，有些是神秘的。当我们想到洞穴的时候，黑暗、恐惧、神秘、野兽巢穴、强盗窝点以及探险这些词都会在大脑中被唤醒。而洞穴也可以说是哲学史上最著名的比喻环境了。众所周知，洞穴之喻出现在柏拉图的著作《理想国》的第七卷。

这个比喻充满了生动而又吸引人的意象，但它本身并不复杂。不过，这个比喻有着几个不同层级的解释。

对洞穴之喻的总结

首先，我们需要用苏格拉底在《理想国》中的话语来描述这个比喻。现在我们要设想在一个偌大的洞穴中关押着一批囚犯。这些人自幼就被关在洞穴中，因此他们对外面的世界没有任何概念。实际上，由于他们这一生都被镣铐锁住了手脚，他们甚至不清楚在洞穴外面还有一个世界。

在这个黑暗的洞穴中，有一堆篝火提供了些许光亮。但这篝火的光线并不寻常。囚犯们背对着篝火，没法直接看到光源，只能被迫看到投射在他们面前洞壁上的影子。在他们不知情的时候，一堵矮墙已然在他们的视野之外建成，也就是在囚

无用的哲学

犯的背后、篝火的前方。就像提线木偶表演时艺人会用一堵矮墙来遮蔽移动木偶的双手一样，这堵矮墙也是为了把人藏在其后而修建的。藏在这堵矮墙背后的人有各种用不同材料制作而成的物品，他们将这些物品拿到矮墙的上方。由于这些物品位于篝火与洞壁之间，它们的影子便被投射到了洞壁上。拿着这些奇怪物品的人边走边聊，囚犯们就会看到奇怪的影子在洞壁上移动。这些影子还伴随着拿着物品的人所发出的声音，因为声音会通过洞壁的反射传到囚犯的耳朵里。随着这个十分怪异的场景出现在我们的脑海中，苏格拉底询问我们，囚犯们是否

洞穴之喻：一名囚犯在洞壁上看到了一个奇怪的投影并认为它是真实的。

第9章 柏拉图的洞穴之喻

会认为是这些影子自身在移动,同时会不会认为它们也是那些回声的来源。答案是肯定的,这个回答令人悲伤但又无可奈何,因为囚犯们对洞穴之外的任何事情都毫无经验可谈。

以上是囚犯们的悲惨处境,但是苏格拉底并没有将故事完结。因为在描述完这个场景后,他知道读者们一定会渴望释放这些囚犯。现在的问题是如何实现这个目标。囚犯们的自由将不会轻易地到来,一切必须循序渐进地进行。被解开镣铐的囚犯一开始会十分虚弱,因为他们一直处在一个恶劣的环境中。当囚犯被搀扶起身并转向篝火时,他们的眼睛会因光线照射而短暂失明,因为他们之前只见过洞壁上那昏暗闪烁的火光。

对洞穴之喻的部分解释

故事展开至此,苏格拉底开始了他的分析。一名囚犯被释放后,只能站在一旁痛苦地看着火光,他已习惯于在昏暗的光线下生活,因此他肯定更喜欢以前的生活。即使你向他展示那些被人带着走来走去的物件,证明他离看清真实世界又近了一步,他还是宁愿去过以前那种被束缚的生活。

如果被释放的那名囚犯连看到篝火和投射出影子的真实物品都不愿接受,那么如果有人将他拖到真正有阳光照射的地方,他岂不是会又哭又闹?这种环境的转变会带来巨大的痛苦与愤怒。为了适应阳光,囚犯一开始只能盯着影子看,然后再看人与物在水中或镜中的倒影。这段时期过后,他才能够承认并欣赏世间的真实。此时,那名被释放的囚犯想要回到洞穴释放其他人。然而,当他返回洞穴的时候,他的眼睛已经无法适应黑暗的环境了。那些他试图去释放的囚犯们会注意到他已经难以适应他们所熟悉的洞穴了,这些人会拒绝离开洞穴,理由是这

无用的哲学

被释放的囚犯会试图拯救其他囚犯，可是他会被杀死。

样做也会伤害到他们自己的眼睛。最后，囚犯们不仅会排斥他们的救星，还可能会杀掉他。

洞穴之喻所描绘的全貌

洞穴之喻有力地说明了《理想国》前几卷的许多形而上学主题。尽管这个比喻无疑包含了政治评论和相关元素——特别是在最后，作者柏拉图给出了一个不太隐晦的暗示，即雅典人杀死了苏格拉底，因为他试图启蒙众人去理解真理的本质，其目的还是告诉我们现实的本质。

第 9 章　柏拉图的洞穴之喻

根据柏拉图的观点，我们对现实的真正本质是一无所知的，在现实世界中存在着一个包含一切事物和表象的可感世界以及一个"真实"的可知世界。在洞穴之喻中，阳光普照的外部世界是可知世界，洞穴内部则是我们的可感世界。可知世界被划分成了两部分，一部分是包含着柏拉图理念论的理性，另一部分是囊括了数字与图形的理智。可感世界包含了实物与形象。而在洞穴之喻中，实物指的是在篝火前的物品，形象则是指它们投射在洞壁上的影子。

柏拉图的洞穴之喻提出了一个存在本身有着等级差异的框架，这表明我们不仅要攀登到理性的最高层级，而且这段旅程将会是艰难且孤独的。所以，要想逃出洞穴，只能靠我们自己。

第10章

柏拉图的理念论

在哲学中,很少有思想像柏拉图的理念论一样经常被提及,又经常被误解。有些人可能会在美餐一顿后惊呼:"这就是柏拉图式的美食呀。"与之相似,还有很多东西被冠以"柏拉图式"之名,以此来传达一些柏拉图的思想,但在大多数情况下它们都没有达到预期。

理念论十分复杂,它有几个明显的特征,甚至其中还包含着些许神秘的元素。

理念论的起源

柏拉图为何以及如何发展这个学说目前存在争议,但一个关键动机是他热衷于去维护真理与认知的可能性。他觉得我们所看到的周遭的世界是转瞬即逝且处于不断变化之中的。世界的这种易变性本质表明,我们需要将目光转向一个更为牢固的天地,在那里寻找不会改变的东西,如果那些东西本身根本不能改变则更佳。柏拉图的解决方案是构建一个超越了物质和所有感官的世界,而我们所见的世界是对这个领域暗淡的映射与模仿。区分这两个世界不仅体现了超越世界的优越性,而且也确保了认知的可能性。对柏拉图来讲,如果某样东西在不断变化,它就不可能被认知。用最简单的方式来表达这种奇怪信念,就是我们很难，或根本不可能说某样东西在发生改变之后还是同一样东西。

理念是无形的

理解什么是理念的最简单的方法就是将其与世界上的事物进行对比，来理解什么不是理念。世界上有数不尽的事物，我们从中选取一个例子。假设这世上有一些美丽的树，这些树中的每一棵，我们都可以称之为"个别事物"。原因很简单，每一棵树都是一个独立的个体。整个世界充满了这些个别事物：它们可以是花、人、房子。我们也可以称这些独立的个别事物与理念形成了对比。这是因为理念是绝对独特、独一无二的，并且正是由于理念的存在，世间的个别事物才得以存在。我们之后将会再谈这个思想，现在我们要回到美丽的树的话题，虽然有许多这样美丽的树，但是美丽和树的理念都只有一个。

对理念的这般描述听起来似乎有些奇怪，因为这样说可能会让人联想到树或者别的理念就位于某处。但是柏拉图认为理念不会存在于一个有形的地方。这就解释了它们的无形性和不可感知性，以及它们的永恒性和神圣性。理念本身是不可改变的，与那些易变的、有形的、可感知的、可朽的以及短暂易逝的个别事物刚好相反。

分有理念

如果理念与个别事物在基本的含义上是相互对立的话，那么它们之间怎么会有共同之处呢？根据上面所提出的例子，世上怎么会既有一个美丽的理念又有一个美丽的个别事物？柏拉

无用的哲学

柏拉图认为必须有一些永恒的实体存在,这样才能解释清楚个别事物是如何存在的,以及我们是如何认识到这一点的。

图相信是个别事物分有了理念。众所周知,他不清楚二者关系的具体细节。总之,"分有"这一概念传达了理念的优越性以及个别事物对理念的依赖性。在我们的世界中,个别事物的存在和性质都依赖于理念。我们所说的美丽的树也是如此,它分有了美丽和树的理念。理念被认为是个别事物的模板。但是分有的概念要远比单纯的相似更加严苛:个别事物分有了理念,但是由于其自身的有限性,其只能是个别事物,而不能成为理念。

作为模板或范式的理念

所以理念就是个别事物的模板或范式,但这又是为什么呢?柏拉图认为,理念能够解释那些不同的个别事物间的一致性。例如,如果一个女人、一辆汽车和一幅油画都被认为是"美丽的",相互之间差异如此之大的人或物是如何使美丽成为其共同点的呢?同样,如果一个女人正处于花样年华,如此动人的她又是怎样变得美丽不再的呢?通过让众多美丽的事物分有美丽的理念,柏拉图克服了这个难题:这个理念就是美丽本身,世间一切事物都只有在分有美丽的理念时,才是美丽的。

上面的描述可以被广泛地应用,所以我们可以说,如果某人、某事或某物是 X，就像说"苏格拉底是公正的""床是大的""婚姻是美好的"，那么这些人、事、物都是靠分有 X 的理念从而获得 X 的性质的。所以，这位公正的苏格拉底也分有了公正的理念。如果他有一天变得不公正，这是因为他不再分有公正的理念。对柏拉图来说，理念就是 X 的来源，这不仅意味着个别事物必须要从理念中借用 X 的性质，还意味着理念与 X 之间具有一种完美且不可改变的关系。如果我们要恰当地去说，那就是理念并不占有 X，因为理念就是 X。美丽的理念之所以是美丽的，并不是因为它占有了美丽，而是因为美丽的理念即美丽本身。

理念的普遍重要性

如果这一切仍然不够，柏拉图还认为理念为道德和语言表达提供了一个坚实的基础，因为理念是不会发生改变的，并且允许我们将我们的行为或语言与不变的东西进行参照和比较。理念的不变性从根本上来说是简单的。它们阐释了所有物质世界中的存在。然而，在一些对话录中，柏拉图对每个事物是否

柏拉图的两个世界	
我们的世界：充满了粒子	超越世界：各种理念存在于此
易变	不变
可朽	不朽
不神圣	神圣
有形	无形
可被感知到	无法被感知到

无用的哲学

都应该有对应的理念也表现出了犹豫，如泥巴或头发——这表明，即使是他自己也看到了理念论存在的局限性。

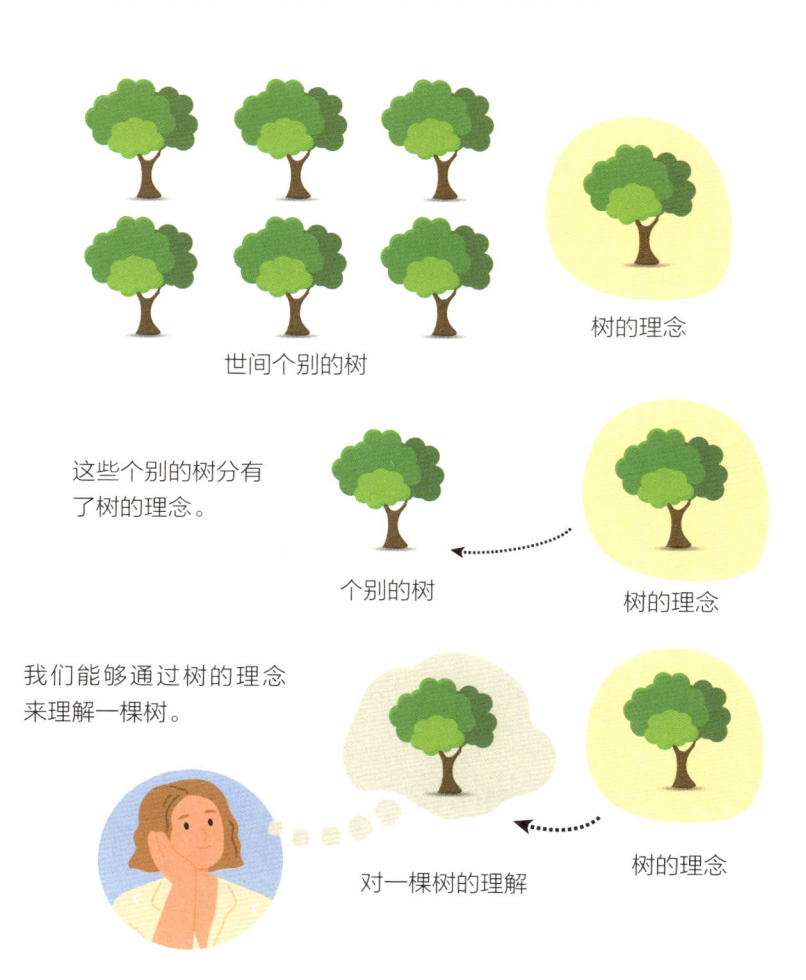

世间个别的树

树的理念

这些个别的树分有了树的理念。

个别的树　　　树的理念

我们能够通过树的理念来理解一棵树。

对一棵树的理解　　　树的理念

第11章

伊壁鸠鲁的原子偏斜说

一切物质，包括我们自身都是由原子构成的，这在现代社会已经成了常识。但是，如果我们忠于这一观点的发展史的话，它就显得不那么科学了。这一观点最初是作为一种哲学思想出现的，它由古希腊哲学家德谟克利特（约前460—约前370）提出，之后被伊壁鸠鲁调整，又由伊壁鸠鲁后来的一位古罗马追随者卢克莱修（约前99—约前55）进一步诠释。

就像其他哲学观点一样，这一阶段的原子论也有不少问题。自由意志和原子之间的矛盾就是其中之一。如果像德谟克利特所相信的那样，万事万物都由原子构成，那么我们的行动，甚至是行动背后的信念都不过是原子罢了。如果这是真的，那么决定我们行为和思想的就不是我们的所为和所思了，而是原子的性质及其活动。面对这一棘手的问题，伊壁鸠鲁不得不在他的原子论中引入一些特性来解决这个问题。他的解决方案可以说是古代哲学中最著名也最臭名昭著的观点之一——原子偏斜说。

伊壁鸠鲁的宇宙观

在研究原子偏斜说前，我们首先需要确定偏斜运动发生的背景,即物质宇宙。对伊壁鸠鲁来说,宇宙中只有两种东西——原子和虚空。由这两种东西所构成的宇宙本身是无限的。当然,原子也处于虚空之中,而虚空本身什么也不是,也就是说,它不是原子的支撑和基础。因此,原子会不断地在虚空之中坠落。虚空因其自身代表着虚无,也没有任何性质,所以在原子坠落时就不会产生任何阻力。由于原子在坠落时不会遇到任何阻力,当原子聚集在一起穿过虚空时总会爆发出惊人的速度。决定原子速度的是它们的重量,这也决定了它们的移动方向——永远向下,除非发生了碰撞或者聚集成更大的物体。

原子的性质

就像现代的原子概念一样,伊壁鸠鲁所说的原子也是微观的,因此我们观察不到它们真正的性质。尽管不同种类的原子

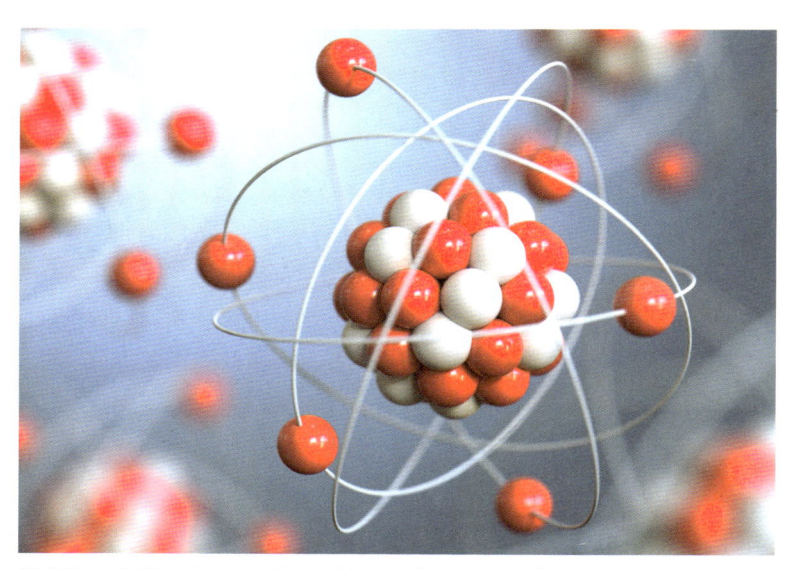

"原子"的科学概念源于德谟克利特关于"不可分割的"东西的哲学概念,即不能被分割得更小的东西。

第 11 章 伊壁鸠鲁的原子偏斜说

数量是有限的，但作为一个整体，原子的数量是无限的。我们自身也是原子的一部分，尽管表面看起来静止不动，但也正在虚空中坠落。原子偶尔会聚集成我们所看到的人、动物或树木的形态。原子的不同形态决定了事物的不同性质。例如，作为黄金的原子是坚硬且富有光泽的；而作为灵魂的原子则最为精细，且呈现出球形，这使得我们的思想非常敏锐。

我们自己的身体是在虚空之中坠落的原子聚集而成的，如果这听起来不太可能，那么来看看卢克莱修的比喻：羊群在遥远的山上移动，从远处看，羊群就像是山上一个静止不动的白色斑点，我们只有靠近时才会意识到，这个白色斑点正在移动，而且它是由许多只羊组成的。这就是卢克莱修论证伊壁鸠鲁观点的方式，即所有的原子，甚至是那些表面看起来浑然一体的物体，也在虚空中不断坠落。

原子偏斜说

讲到这里，我们可以介绍原子偏斜说了。

既然所有的原子都靠着其自身的重量相互平行地向下坠落，那么它们又是如何聚集起来成为我们所熟知的那些物体的？这个问题的答案是卢克莱修在介绍原子偏斜说时给出的第一个解释。原子在坠落时的偏斜运动是完全随机且无法预测的。这是为了解释自然物是如何被创造出来的。根据卢克莱修的说法，原子在这种随机的偏斜运动中相互碰撞，因而组合、排列。所有原子都在平行坠落，直到一个原子出乎意料地偏离了它的路线，撞到了另一个原子，进而引起了一系列的连锁反应，一棵树或一只鸟就这样诞生了。这种偏斜运动只在不知不觉中让原子在最小范围内偏离路线，因为卢克莱修很难相信因自身重量而直线下落的原子会以垂直的角度射出。如果没有偏斜运动，作为创造之力化身的自然就无法创造出任何事物，因为所有的原子都将一如从前不间断地直线下落。

这种说法不仅仅是为了解释原子如何聚集在一起成为世上那些被人所熟知的物体，也是为了反驳原子在虚空中坠落意味着自由意志不存在的观点。因为如果原子总以相同的方式向下坠落，而原子又构成了万物，那么事物的发展就完全由原子决定。但是如果原子内部能够发生一些偶然且不可预测的偏斜运动，这就为自由意志腾出了空间。卢克莱修认为，这种偏斜运动可以解释我们的自由意志，解释我们的选择。

用偏斜运动解释自由意志

卢克莱修用偏斜运动来解释自由意志的可能性是非常有趣

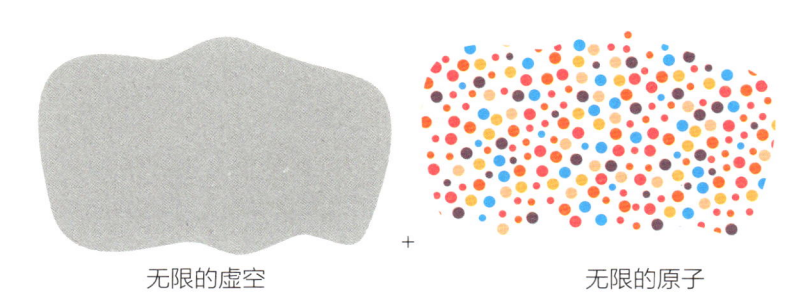

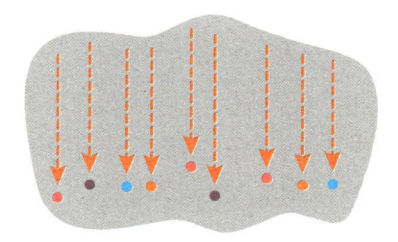

无限的虚空 ＋ 无限的原子

原子在虚空中永远地坠落

的。这种偏斜与身体仅包含原子的物质构成形成了鲜明的对比。他认为原子影响原子的方式与心灵影响原子的方式是很容易被区分开来的，这就证明了心灵不受原子影响。他让我们想象一匹骏马正站在起跑门前，突然门打开了，即使马告诉它的身体要在大门打开的瞬间移动，身体也需要一段时间才能执行这一指令。相比之下，当一个物体作用于另一个物体，就像原子作用于原子时，其反应是瞬间的，就好像锤子敲钉子。因此，我们的心灵独立于原子和虚空运作，同时这也表明宇宙中还有其他事物——自由意志和偏斜运动。

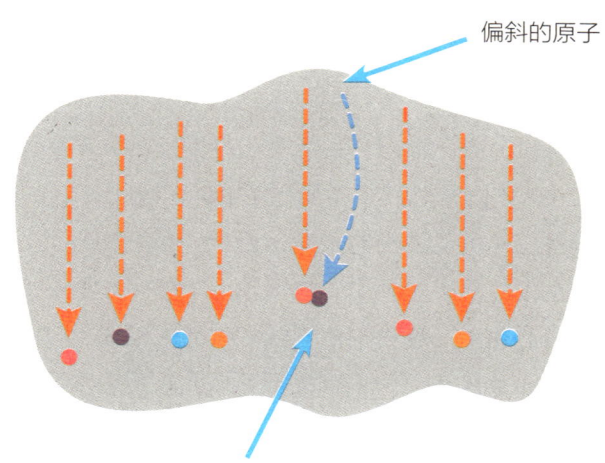

偏斜的原子

原子间碰撞让树木或动物等自然物产生

偏斜运动：原子在向下运动的过程中产生的轻微且随机的偏斜。

第12章

伊壁鸠鲁论死亡恐惧

今天,人们一想到伊壁鸠鲁往往就会想到他的快乐主义。他确实是一位追求快乐的哲学家,而这种追求也包含了对痛苦与恐惧的回避。在他看来,每个人最大的恐惧就是对死亡的恐惧,这种恐惧可以分为两方面。

这种恐惧一方面是对传统意义上伴随死亡而来的来世审判的恐惧;另一方面是对死亡本身的恐惧,即对死亡的那一刻以及我们在死亡时所呈现出的状态的恐惧。伊壁鸠鲁认为,事实上我们根本不需要害怕死亡,之后他又提供了一些令人信服的理由来证明此观点。他先是假设人们对死亡的恐惧并不是完全来自情感,而是依赖于一系列关于死后我们将会受到何等迫害的信念。伊壁鸠鲁那个时代的传统观点认为,人们死后会继续存在,也许是以不朽的灵魂的形式存在;与之相反,伊壁鸠鲁教导人们,生命的结束就是一切的终结,一旦你死去,你将不复存在。

身体的死亡即终结

伊壁鸠鲁之所以有这种观念,是因为他坚信唯物主义,他认为物质才是唯一的存在。因此,身体仅由物质构成,所以当

第 12 章　伊壁鸠鲁论死亡恐惧

身体死亡时，没有灵魂、没有什么更深层的自我能够离开身体继续存在。在死亡到来的那一刻，所有的思想和知觉都会完全消失。这一切意味着我们其实不需要害怕死亡，因为我们不会真正经历死亡。伊壁鸠鲁这样说道："当我们存在时，死亡不在；当死亡降临时，我们已不在。"这句话令人印象深刻，它不仅抓住了死亡所具有的终结性与完整性，而且强调了当死亡到来之时，我们早已不在原地迎接它了，因为死亡让我们失去了注意、感觉和思考任何事情的能力。从这个意义来讲，死亡不可能真正降临，因为它实际上不是某种独立的存在。更确切地说，死亡是我们停止生存的标志。

死亡与我们身体知觉停止运转之间的关联在逻辑上与伊壁鸠鲁关于快乐和痛苦的理论紧密联系在了一起。伊壁鸠鲁认为，人类活动的目的就是寻求快乐以及避免痛苦。虽然这并不仅仅涉及身体，但快乐在很大程度上是靠身体来体验的。人死后无法再享受快乐或遭受痛苦，这也意味着就算我们在身体死亡后继续存在（当然这不可能），也不值得存在下去，因为我们享受不到任何快乐。

其他围绕着死亡的恶

卢克莱修有许多富有想象力的论据，来扭转我们认为死亡是恶，或认为死亡是完全的善的观点。他所面临的一个忧虑是，当我们想到自己死后就会失去家人和朋友时，悲伤便会浮现在脑中。这既关乎我们终将面临的死亡，也关乎哀悼者的安乐。那些想到自身死亡的人应该认识到，当一个人死亡时，他将会从世间的一切痛苦与恐惧中解脱，他的家人和朋友在哀悼他的同时也应该感到喜悦，因为他不会再遭受痛苦了。

无用的哲学

宴会类比

卢克莱修还曾把生与死比作一场宴会，以表明我们应该感恩生命并充分享受它。当我们在一场盛大的宴会中用餐时，我们并不会因宴会很快会结束且我们无法重温这场宴会而觉得吃喝毫无意义。相反，我们享受宴会，就像我们应当享受生活一样。享受宴会的最佳时间永远是在宴会进行时，之后就该回家睡觉了。当宴会结束后，我们在床上进入了梦乡，此时我们不会因为宴会结束而坐立难安进而拒绝睡眠，而是会欣然接受现在是睡眠时间，尽管在睡觉的时候，宴会的记忆会从我们的意识中离开。同样，当我们漫长的生命走到尽头的时候，我们也应该欣然进入死亡带来的永久睡眠。

卢克莱修是罗马共和国末期的一位伊壁鸠鲁及其快乐主义的拥护者。

对称论证：死亡就像我们存在之前的状态

卢克莱修不仅喜欢用宴会来类比生与死，他还曾把死亡之后的状态比作镜中影。自然本身就是那位举着镜子的人，镜子所反射的是我们存在之前的状态。一方面，在我们出生之前，我们在世上没有任何困难或麻烦，我们也不会关心任何事情。另一方面，我们现在也不会因为我们出生之前不存在而感到烦恼。既然我们死后的状态与出生前一样，那么我们就不应该担心死亡，就像我们不担心出生前的状态一样。这样，我们存在之前的状态和死亡之后的状态就成了对称关系：二者都

第 12 章 伊壁鸠鲁论死亡恐惧

享受宴会并尽情吃喝：活着

宴会之后回家睡觉：死亡

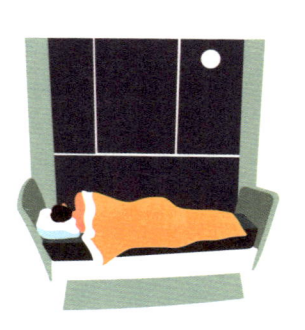

宴会类比

不是什么坏事，所以我们不应该去恐惧或担忧死亡，就像我们不去恐惧或担忧存在之前的状态一样。

稍显矛盾的是，卢克莱修关于死亡的观点仍然能够给予那些相信灵魂不朽但摇摆不定的人一些慰藉。也就是说，即使灵魂不是不朽的，死亡确实是我们生命的终结，这也不会对我们造成任何伤害，因为当死亡到场之时，我们自身早已离席。

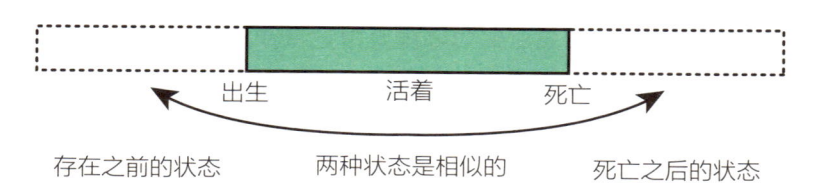

出生　活着　死亡

存在之前的状态　　两种状态是相似的　　死亡之后的状态

对称论证：存在之前的状态与死亡之后的状态相似。

第13章

四因说

亚里士多德曾指出,当我们知道事物存在和变化的原因之时,我们就能清楚地了解到它属于特定的知识领域还是一般的知识领域。在大众的理解中,结果总是紧挨在原因之后,原因往往会带来某种结果。

我们经常会说,第二次世界大战的原因是德国入侵了波兰,或者爱情是结婚的原因。第一类事物的产生导致了第二类事物的产生。亚里士多德部分保留了这种推出原因的直觉方法,但在他的理解中包含了四种不同的原因。

自然是原因的源头

为了更好地理解亚里士多德是如何理解原因的,最重要的是先要理解自然的作用。这不仅仅是因为个体的自然本性概念在原因中起到了很重要的作用,还因为一般意义上的自然(如大自然)概念在某种程度上也是亚里士多德理论的起点。这意味着亚里士多德将自然视为一种模板,在这种模板里更容易看到四种原因各自的作用。另外,亚里士多德认为自然界中的四种原因是优于人类活动中的四种原因的,人类活动只是对自然的模仿。

亚里士多德罗列出了四种原因。虽然他从来都没有这样说过,但是从他对它们的描述来看,他似乎认为每一种解释中都包含着四种原因。

质料因

质料因很好理解，这种原因表述某物是由什么物质所构成的。对一把椅子来说，它的质料因是木头；对一件衣服来说，它的质料因则是棉花。以上都是相当简单的例子，而对像汽车那样复杂的东西来说，它的质料因可能有纺织物、燃油、金属、玻璃等。

动力因

动力因是指导致某物产生的原因。它可以被理解为运动或变化。所有父亲都是他们孩子的动力因。对马蹄铁来说，铁匠可能是马蹄铁的动力因。在一个更为抽象的意义上，亚里士多德还曾认为锻造的技艺是马蹄铁的动力因。他如此认为可能是因为锻造的技艺由铁匠掌握并表现出来，才让马蹄铁被赋予了存在。

形式因

形式因表述的是事物的存在形式。亚里士多德所使用的"形式"一词可以被理解为"定义"的同义词。在理解了"形式"的概念之后，我们就会明白这是为什么。在简单的例子中，我们更容易明白这是什么意思，并能将这一概念应用到更为复杂的例子中。例如，一把普通的叉子的形式因是什么呢？它的质料因是某种金属，动力因是其制造者，形式因则是这把叉子的形状。它是一个金属物体，具有一个细长的手柄，末端有四个尖头。请注意，在我们描述叉子形状的时候，我们也已经给出了叉子的定义。叉子的定义在某种程度上就是对叉子的描述。事物的定义与形状之间并不总是明显存在这种巧妙且便利的一

无用的哲学

致性。但是这个叉子的例子很好地说明了亚里士多德提出的形式因的核心意义就是事物自身的形式，形式与形状的意思相近，而事物自身的形状则传递出了其定义。不过现在形式和定义也不会总是那么简单。潜艇和树的外形与定义就不能简单重合在一起。因为仅指出树的形状不仅忽略了其生物功能及其复杂的内部运作，甚至都不能反映出它是有生命的。例如，塑料的圣诞树是无生命的"假树"，它与有生命的树有相同的形状。

目的因

目的因既是最抽象的原因，也是最合情理的原因。通常情况下，当我们知道某些东西是用来做什么的时候，我们就已经

一把椅子的质料因：木头

一把椅子的动力因：木匠

四因说

第 13 章 四因说

叉子的形式因是什么呢?

一把椅子的形式因:一个座位、四条腿

一把椅子的目的因:
a)为了坐着
b)受益者

061

充分理解它是什么了。如果在你面前出现了某种奇怪的机械装置，它的外观并不能立刻使你知晓它的功能或用途，此时你会很自然地询问:"它是用来做什么的呀？"如果有人回复你,"它是用来抓老鼠的"或者"它是用来敲碎坚果的"，你就会认为你已经理解了它的本质。

在讨论目的因（原文为"final cause"，意为"最终因"）的时候，亚里士多德并没有使用"最终"一词，而是将其描述成"为了什么"。一个人为了健康而运动，一个国家为了胜利而战争，在这里健康和胜利就是目的因。亚里士多德在有些时候对目的因有着略微不同的倾向，即认为目的因可能是受益者。你可以写一首诗来打动意中人。在这种情况下，"为了什么"等同于受益者，即你的意中人。

这四种原因由目的因联系在一起。目的因，即整体的目的，决定了质料因和动力因，而质料因和动力因共同作用产生了形式因。举例说明，假设有一个木匠想制作一把椅子当作礼物。制作椅子的目的就是目的因。尽管这是"最终因"，不过从逻辑上讲,这才是第一步。而制作椅子的目的决定了它的质料因，即原料用木头，以及它的动力因，即木匠。木头和木匠相应地带来了形式因，即椅子的外形有四条腿。最终，这把椅子"凭借"四因诞生了。

第14章

亚里士多德的范畴理论

那是什么？这是一个我们再熟悉不过的问题，它的答案有很多种可能性。例如，我们可以根据不同的语境或目的，将章鱼描述为"一种动物""较小"或"聪明"。在某些意义上讲，这个十分简单的过程对我们的思维方式以及哲学研究都至关重要。

我们思考什么、如何思考是由我们给出的定义、我们做出的区分，还有事物间那些重要的差异所决定的。这些方面都表现在我们对周围事物的分类方式中。分类的本质不外乎根据事物的相似性将其分组，这是一种将相似的事物聚集在一起，并将它们与那些不相似的事物区分开来的方法。分类的一个较为常见的例子就是，人们会在商店中划分出不同区域，并在其中贴上不同的标签，如"烘焙食品""奶制品""早餐"以及"意大利面"等来摆放与销售商品。虽然这可能让我们觉得很奇怪，但是食品可以按照完全不同的方式分类。比如，早餐、午餐和晚餐；或者用比较稀奇但一致的方法，即按照大小分类，较小的食品在一个区域，较大的食品则在另一个区域。这充分表明，分类中所表达概念的产生是世界本身如何以及我们如何看待这个世界共同作用的结果。

范畴的起源：分类的需求

亚里士多德对划分范畴很感兴趣，他想以此来理解、阐明并详列世界上的事物。

在某种程度上，这是哲学研究的任务，但是在更基本的层面上，范畴是开展哲学研究的预备工作。许多学者推测，亚里士多德那独特的范畴体系正是靠着本章开头的提问产生的——"那是什么？"亚里士

亚里士多德被认为是生物学和逻辑学等学科之父，在这些学科中，对范畴的划分是必不可少的。

多德以一种概括性的方式来钻研这个问题。整个研究过程中有一种科学的方法论，即研究事物的类别，而不是某些具体的事物。如果亚里士多德把他的范畴理论应用到站在他面前的苏格拉底身上，他不会说站在他面前的是"苏格拉底"，而会说是"一个人"。"人"就是苏格拉底所属的类别。正如我们将看到的，亚里士多德提出的范畴比这个答案所指出的更加全面。

十范畴

亚里士多德提出了十范畴：实体、数量、性质、关系、地点、时间、姿势、状态、动作、遭受。虽然亚里士多德并没有直白地承认范畴涵盖了所有方面，但是这十范畴已经穷尽了事物可能的存在方式。我们无法将某物置于十范畴之外的范畴中。此外，十范畴是了解某物到底是什么的最普遍的方法。这些范畴是最根本的，没有其他范畴可以将十范畴本身归类。

在这些范畴中，有一些我们仅凭其名便能理解其中含义，

第 14 章　亚里士多德的范畴理论

如时间，即表示某些事情在过去、现在或将来发生的时间。还有一些比较难以理解，如实体，但它可能是最重要的一个范畴。然而，在我们了解各个范畴的具体特征之前，我们应该先了解一下这些范畴所共有的元素，即种和属的概念。这与卡尔·林奈所创的生物命名规则不同，虽然林奈实际上也是在模仿亚里士多德。简而言之，亚里士多德的观点是，每个一般类别的事物都存在变体和子类。暂且抛开亚里士多德的观点，我们很容易就能看出，如果我们将糖果定义成一个"属"的话，相应地就有许多"种"糖果：棒棒糖、糖块、口香糖、软糖、棉花糖等。它们都是糖果，符合糖果属的标准，但它们也是彼此不同的糖果。亚里士多德把那些造成一个事物与另一个事物不同的因素叫作种差。因此，如果所有的糖果都是"糖制食品"的话，那棉花糖的种差就在于其自身独特的形状和口感。棉花糖因其自身的形状和口感所造成的种差，成为糖果属中一个独立的种。如果糖果的定义是糖制食品的话，那么棉花糖就是一种柔软、呈圆柱形的糖制食品。

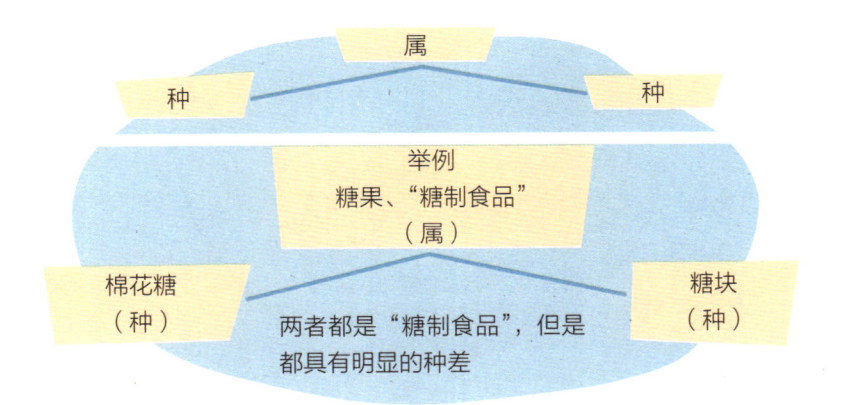

属

种　　　　　　　　　　　　　种

举例
糖果、"糖制食品"
（属）

棉花糖　　　　　　　　　　　糖块
（种）　　　　　　　　　　　（种）

两者都是"糖制食品"，但是
都具有明显的种差

以苏格拉底为例

现在，我们回到十范畴的具体特征上，让我们一起想象古代雅典的苏格拉底正坐在我们的面前。他的实体是人，他的数量是一个，他与其他人不同的性质是他面色苍白，他与他人的关系即他是索弗罗尼斯科斯的儿子。关系不需要局限于家庭关系，我们也可以很简单地把"柏拉图的老师"指定为其关系范畴中的另一个有效的例子。至于地点，让我们假设我们都在雅典的集市上，时间是正午。地点和时间等范畴很容易就能调整得更为精确或更为模糊。如果我们想更加笼统地表达地点，我们可以说在"希腊"或在"地球上"；如果我们想更加详尽地

十范畴

范畴	解释	举例
实体	那是什么？	苏格拉底（人）
数量	有多少个？	一个
性质	有何特性？	面色苍白
关系	和什么有关？	索弗罗尼斯科斯的儿子、柏拉图的老师
地点	在哪里？	雅典的集市上
时间	什么时间？	正午
姿势	姿势是什么？	坐着
状态	有什么？	斗篷
动作	在做什么？	购物
遭受	被做了些什么？	被太阳晒着、被别人搭讪

表达地点，则可以说在"陶器摊前"。甚至在实体范畴中，在一定限度内，我们也可以或详尽或笼统地描述苏格拉底，说他是"人"或"动物"（当然，前提是理解人是一种动物）。接着描述其他范畴，苏格拉底的姿势是坐着，他的状态是持有一件破旧的斗篷，在这个例子中也可以说是穿着一件破旧的斗篷。在动作范畴方面，我们可以说苏格拉底正在购物，或正与人交谈。至于他正遭受着什么，我们可以说他正被太阳晒着，正被人搭讪。

理解事物的所有范畴可以让我们对其到底是什么有一个整体性的认识——在这个例子中，我们所认识到的就是很久以前的苏格拉底。范畴理论意在让我们客观、科学地描述研究对象，并且在我们开始全面理解一个对象的时候指导我们的思想。

第15章

消除情绪的斯多亚学派

情绪是不好的东西吗?不仅仅是愤怒这种我们一般认为消极、不可取的情绪,而是所有的情绪都是不好的东西吗?如果可以消除自身的情绪,你会这样做吗?你觉得这样做可行吗?

斯多亚学派是由西提翁的芝诺(约前334—约前262)在雅典所创立的哲学学派,他们对上述问题都给出了肯定的答案,主张消除情绪,因为他们认为那些都是不好的。在这一章中,我们会分析情绪到底是什么以及这种理解是如何影响斯多亚学派的立场的。斯多亚学派对于情绪的理解最终使他们深刻认识到如何减少情绪,直至最终消除情绪。

什么是情绪?

情绪在希腊语中写作"*pathos*",这个词在希腊语中的意思与我们自己对这个词的理解相差不远。它就像英语中

西提翁的芝诺认为,信念强烈地影响着情绪,甚至决定了情绪。

的"passion"(激情)一词一样,都源于对情绪的被动特质的强调。这一方面将情绪与活动相区分;另一方面也表明了,情绪作为一种反应,是由某些外部事物、挑衅或特殊事件所引起的。

情绪的四个维度

情绪按四个不同的维度,即好、坏、现在和未来被分成了四种。关注现在的好事的情绪是快乐,而关注未来的好事的则是欲望。还有两种情绪被认为是坏的,它们分别是悲伤(关注现在的坏事)以及恐惧(关注未来的坏事)。例如,快乐就是把吃雪糕这样的事情看作现在的好事,而恐惧则是把死亡看作未来的坏事。需要记住的是,情绪的分类是由我们看待具体事物的观点所决定的。也就是说,我们可能会对某些未来的好事怀有欲望,如度假,但是这并不意味着欲望本身就是好的,至少斯多亚学派的观点是这样认为的,只是我们把度假看作了好事。除了上面罗列出来的情绪,还有一些情绪的子类,但它们都可以被归进这四种情绪中的一个。如上所述,斯多亚学派的目标就是消除这些情绪。

情绪并非美德

在斯多亚主义的体系中,情绪是不受欢迎的烦扰。其中最重要的原因是,在斯多亚学派的观念里,获得幸福的唯一必要条件是美德。在他们的理解中,美德是容不下情绪的。那么,到底是什么让斯多亚学派如此厌恶情绪呢?简单来讲,情绪与美德是不同的,因为情绪反映了一种认为某些事物有价值的看法,但实际上只有美德才是有价值的。情绪是建立在信念之上

无用的哲学

情绪的分类

	好	坏
现在	关注现在的好事：快乐	关注现在的坏事：悲伤
未来	关注未来的好事：欲望	关注未来的坏事：恐惧

的，也正是这些信念赋予了情绪力量。与我们今日看待情绪的方式不同，斯多亚学派否认情绪只是我们人类的一种心理状态，他们不认为人们有情绪这件事无可指责，也不认为我们无法控制情绪的出现。情绪发于信念，而正是信念说明了情绪的坏处。

斯多亚学派宣称，情绪具有某种精神内涵，同时情绪表明并强化了那些拥有情绪之人的信念。情绪反映了我们的价值观。也就是说，正如我们上面看到的情绪的四个维度，情绪归因于一个对象或活动的好与坏。我们恐惧死亡是因为我们判断死亡是坏事，而非好事。这种思维过程最终形成的"好"与"坏"

正确的价值判断：美德重于一切

第 15 章 消除情绪的斯多亚学派

的判断可以用命题的形式表达，如"死亡是坏事"。此外，这种价值判断与涉及的对象或活动所具有的实际价值是不相称的。前面我们看到，斯多亚学派只重视美德，美德不仅足以使我们获得幸福，而且只有美德才应得到我们的重视与渴望。美德是如此的崇高，以至于斯多亚学派认为，一个具有美德的人，即使遭受折磨也是幸福的。所以，斯多亚学派用来判断好坏的标准即美德本身。如果我们关注的对象不是美德，我们就不应该去关注它。如果我们真的关注死亡（当作坏事）或者金钱（当作好事），我们就会给死亡或者金钱赋予一种其自身所不具备的价值，而我们的价值观仅该忠于美德。恐惧死亡就是在高估死亡，渴望金钱就是在抬举金钱。美德才是我们人类最该关注的东西。

不要被不重要的事情所扰

我们现在已经看到了斯多亚学派对情绪的抨击根源在于情

错误的价值判断：情绪重于美德

绪反映了我们的价值观和信念。因此，当我们因为最喜欢的衬衫沾染上了难以清除的食物污渍而悲伤的时候，这种悲伤不仅仅是一种强加在我们身上的难以避免的影响，如同一种生理反应一样，它也是由我们对衬衫以及对我们与衬衫之间关系的信念所支撑的。我们过分重视这件衬衫，以为它是什么有价值的东西，而它并不是。我们也错误地判断了这件衬衫与我们是否拥有美德之间的关系。整个情绪过程都建立在一个错误的基础上，即为那些不该被重视的事物赋予价值。从这个意义上讲，情绪是"理性"的。此处的理性并非指"某事应该由头脑来决定"，而是指在一般意义上，某事是深思熟虑和选择的结果，它是由头脑决定和评价的。

　　斯多亚学派认为情绪是不好的，因为情绪包含甚至传达了一个关于世界是怎样的错误信念——尤其是一种将价值附加在美德之外的事物的信念。总之，这些情绪都是不可取的，因为它们毫无美德可言。

第16章

有关存在的思想

"是"（is，亦有"存在"之意）可以说是我们最熟悉不过的概念了。"这茶叶是变质的。""这个人是我哥哥。""紫色是一种美丽的颜色。"它对我们来说是如此的熟悉，以至于离开它后，我们几乎无法说话或思考（包括这句话的开头，你可能会无意中忽视它）。但是就像我们所熟知的时间的概念一样，对它的分析往往会使我们感到困惑。

我们有着很强的对存在（is）的意识，一般用它来谈论某物是否实存（exists）。我们认为我们存在，并且在这种强烈的存在意识下，整个世界也是存在的，所以我们相信有些事物是存在的。但是我们常说的"某物存在"这句话又意味着什么呢？存在本身就是某种东西吗？

如果我们回顾西方哲学对存在这一话题讨论的起点，会发现它从古希腊时期就出现了。在这一时期，存在与非存在是许多哲学家被吸引去思考的源泉。正是在柏拉图和亚里士多德的哲学思想中，对于存在的思考形式变得成熟起来。

亚里士多德论存在

亚里士多德认为，某物存在意味着它是其所是。这听起来似乎对我们没有什么帮助。但这种说法所蕴含的内容似乎比其表面看起来要多。如果我们问"点点"到底是什么，得到的最直接的答案就是它是一条狗。点点作为一条狗而存在。我们可以进一步询问狗到底是什么，答案可能是一种动物；如果我们继续追问动物是什么，古希腊人的答案可能是火、土、气和水（四元素）的结合体。这种嵌套回答的过程最终会在实体范畴止步。我们不能再追问什么是实体了，因为在亚里士多德看来，狗和其他的实体就只是实体，没有更高的范畴，如存在，可以作为它们的解释了。

阿奎那：存在与本质

托马斯·阿奎那（约 1225—1274）遵循了至少早在哲学家波爱修斯（约 477—约 524）时就有的传统，对存在与本质二者做了区分。这种差异的起点是承认事物会获得存在，同时也会走向消亡。在一般情况下，动物、植物，甚至是像房屋或桌子这样的物体都有一个生灭的过程，即先获得存在，然后其存在消失。桌子可以存在也可以不存在，但是桌子的定义，即其本质与桌子的存在是不同的。当阿奎那考虑生灭的观念时，他认为既然上帝既不会被赋予存在，其存在也不

亚里士多德：
存在即事物是其所是

点点是：
· 一条狗
· 一种动物
· 火、土、气和水（四元素）的结合体

会消失,所以有且只有上帝的存在与本质是相同的。至于像桌子这样的事物,其本质是通过其作为桌子的外形表达出来的。在这个特殊的例子中,我们可以说桌子的本质是一个有四条腿的平板。一旦这张桌子被摧毁,如从中间裂成两半,那么它就不再作为桌子而存在了。(它仍然作为两大块木头或原子的组合体而存在。)

弗雷格:"是"的三种用法

数学家、哲学家戈特洛布·弗雷格(1848—1925)通过对"是"(is)一词的研究,提出了一些存在概念中的重要区别。这个词有三种不同的用法,如果我们不承认这些用法,那么我们一定会以困惑告终,认为这些用法都直接意味着存在。第一个用法是识别,如我们所说的"巴黎是法国的首都"。第二个用法是,将一个事物等同于或认定为另一个事物。这里的"是"是一个谓词,如"我的狗是棕色的"。这句话并不是声称棕色与这条狗是同一个东西,而是声称这条狗具有棕色的属性。第三个用法是,"是"代表着存在,这与前面的两个例子截然不同,如有人声称"上帝是存在的(God is)"。

"是"的三种用法

用法	例子
识别	巴黎是法国的首都
谓词	我的狗是棕色的
存在	上帝是存在的

无用的哲学

存在是否是一种属性？

除了在"是"的方面对存在进行分析，在其他的哲学讨论中，还有一个关于存在的具有争议的问题，即存在是否是一种属性。也就是说，如果我们说"萨曼莎存在"，那我们是否是在声明一些东西属于萨曼莎呢？一些著名的哲学家认为存在并非一种属性。这听起来可能只是语义上的争论，但至少有一个很好的理由可以说服我们否认存在是一种属性。假如萨曼莎死去了，那我们可以说"萨曼莎不存在"吗？我们总是以这种方式否认存在，因此我们似乎也可以说"那家商店已经不存在了""罗马帝国不复存在了"。根据那些我们或可称为"反对属性论"拥护者的说法，如果我们想要维护这些陈述的真实性，那么我们就必须否认存在是一种属性。在他们眼里，如果存在是一种属性，那当我们说"萨曼莎不存在"的时候，我们就是在假设某一事物既存在又不存在。如果有什么事情会让哲学家们烦恼的话，那就是同时肯定与否定某事——一种纯粹形式的矛盾。

另一个让哲学家们烦恼的问题是，如果我们说存在是一种属性，那它会给事物附加什么呢？你可能会觉得这很奇怪，因为对某物附加存在意味着它在现实中与我们同在，而不是不存在。但是，让我们考虑一下"柔软的枕头存在"这句话。我们认为自己理解其中的意思。

波爱修斯：一位中世纪早期使用拉丁文写作的思想家、神学家、哲学家，他区分了存在与本质。

第 16 章　有关存在的思想

但是"柔软"就意味着某些东西已经存在于现实之中了——在抽象或不存在的状态下,柔软(或者坚硬)便是不可能的。如果某物是柔软的,如枕头、床或熟透的桃子,那么其必须已经存在于现实之中。

第17章

论上帝是否存在

"上帝是否存在？"这个问题被思考的次数可能比它被大声问出的次数要多得多。这个问题简单而深奥，可以说是能够被提出的最重要的问题之一。这个问题本身可以被中立地解释为人类好奇心的真实表现，也可以被看作一种持怀疑态度的提醒——上帝不可能真的存在，对吗？

在《神学大全》中，托马斯·阿奎那回答了有关上帝是否存在这一话题的诸多疑问。《神学大全》中的方法是设定疑问，给出反对意见，再给出自己的回答。在相关讨论中，阿奎那给出的反对意见是关于恶的问题，换句话说，当世界上存在邪恶的时候，上帝又怎么可能存在呢？上帝似乎并不是必要的。第二个反对意见相当于相信自然原因可以单独解释整个世界的状态。

在本章中，我们将探讨阿奎那为证明上帝存在所做的论证。传统上，《神学大全》中的这一部分被称作通向上帝的五路，因为他介绍了五个简短的论证方法。尽管阿奎那所表达的思想在某种程度上是独特的表述，但在另一种意义上，他的论证建立在一些更古老的理论之上，这些理论早已对上帝存在进行了论证，尤其是亚里士多德的理论。

第一条道路：运动

第一条道路是基于运动的论证。阿奎那指出，任何运动的事物都必须被其他运动的事物所推动。这条论述很难被否认。然而，任何运动的事物都需要外部的动力源，这一事实还需要补充一些其他的观念才能引出有关上帝的思想。有一种假设认为，世界上没有任何事物可以自己运动。有些事物或许可以自己运动，就像一个人可以自己移动到任何想去的地方，但是这并不是阿奎那所设想的。他反而认为，人显然不是靠自己运动的，因为人是在某个具体的时间被创造出来的，在那之前，人显然不能自己运动，甚至可以说在母亲的子宫里人都不能自己运动。所以，一定存在某种能够让我们运动的先验运动。尽管每一个运动都必须由另一个运动引起，但这种推导不可能无限展开，它必须在某个节点停止。阿奎那认为，正是上帝通过推动其他事物从而带动了整个运动链条，而上帝自身未被推动。

第二条道路：动力因

第二条道路与第一条道路的论证方式十分相似。它依赖于对动力因这个概念的运用，这是从亚里士多德那里借来的概念。动力因被认为是让其他事物获得存在的原因。所以，我们可以说父亲是孩子的动力因，从更宽泛的意义上讲，太阳是一粒种子长成植物的动力因。动力因所带来的是存在的变化。每个动力因都伴随着它所带来的结果或影响。正如孩子不能成为他自己的动力因一样，一般的事物都不能成为自己的动力因。换句话说，所有事物都需要通过一个外部的动力因来获得存在，但是这个过程不可能一直回溯。如果这个过程不得不向前回溯到某个时间点的话，那么上帝就是第一动力因。

无用的哲学

托马斯·阿奎那,中世纪哲学家与神学家,他综合了古代哲学与基督教启示。

第三条道路:可能性与必要性

第三条道路可能是最困难且最抽象的。这个论证是基于可能性与必要性展开的。该论证表示,世间万物显然是可朽的。所有事物都会获得存在,最终消亡。阿奎那对此指出:所有的事物都可能存在和不存在。但如果所有事物都可能不存在,那么显然所有事物在过去也可能不存在。这意味着在过去无物存在,但是其中有一个问题,无没有成为有的力量,因为它是无。既然现在世界上明显有事物存在,很明显是某种必然存在的原动力让万物从无到有。这个原动力就是上帝,因为除了上帝,没有任何事物自身拥有如此庞大的力量来无中创有。

第四条道路：最高尚与最善好

阿奎那的第四条道路有赖于我们观察到的特征等级。当我们谈论这个世界上的某一特征时，我们会用"较……"来描述它，如某样东西较热或较冷。

我们用我们认为最热的东西，即火焰，来评判热的概念。同样，当我们在谈论善好、真实和高尚的事物的时候，我们就会将它们与那些最善好、最真实和最高尚的事物进行比较。正如在火焰的例子中，火焰能够使其他热的东西都有其热量，那些最善好、最真实、最高尚的事物也能使其他事物变得善好、真实和高尚。最善好、最真实、最高尚的存在无疑就是上帝。

第五条道路：宇宙设计论

第五条道路基于世界的秩序和对世界的管理。世界是智慧的，同时也是可被理解的。当阿奎那谈论智慧的时候，他的脑

从运动的角度论证

上帝

造物主
推动他者，但是不被他者推动

受造物的一部分
推动他者的同时自身也被推动着

论上帝存在

无用的哲学

从动力因的角度论证

上帝

上帝不被赋予存在,所以他不需要一个动力因

所有事物都需要一个动力因来获得存在

从可能性与必要性的角度论证

在过去的某一时刻,无物存在

当下,万物皆在

上帝

无不能自己变成有,因此这个赋予存在的过程必然由上帝开展

海里并没有出现人类甚至动物的行为和创造活动。他认为,世界在其自身的构成中显示出了规律性和一致性,就连在那些没有智慧的事物上也显现了规律性和一致性。例如,即使是像石头一样简单的东西,当它被抛向空中时,它总会落回地面。阿奎那认为,石头以及其他自然事物通过追寻和实现它们的目标,从而展现出了一种智慧,如石头会着陆并停留在地面。但是智慧必须属于某种智慧的存在,他使石头和其他类似的东西有了这些规律,而这个智慧的存在正是上帝。

第 17 章 论上帝是否存在

从特征等级的角度论证

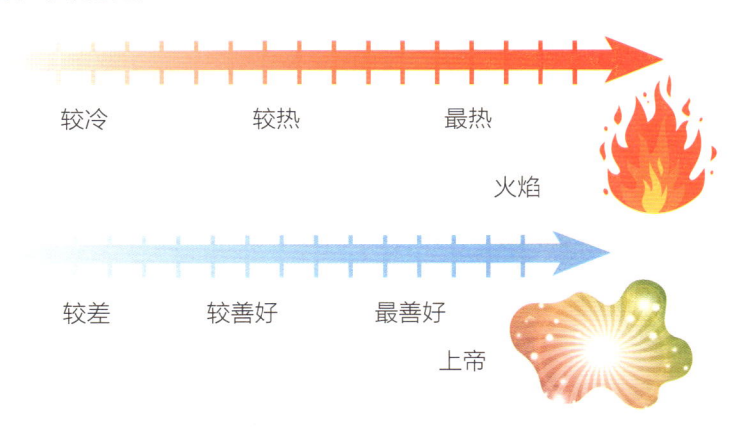

较冷　　　较热　　　最热

　　　　　　　　　　　火焰

较差　　　较善好　　最善好

　　　　　　　　　　上帝

从管理的角度论证

自然界展现出了规律性，如石头总是向下落

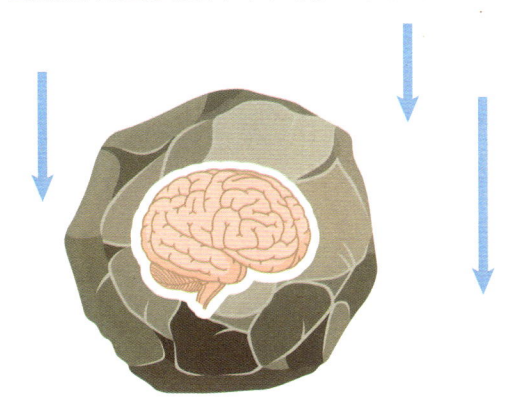

但是石头自身并没有智慧，因此，上帝作为智慧的造物主，必然是这个理性秩序的幕后主宰

第18章

论奇迹的可能性

奇迹几乎是希望或绝望的代名词。我们"坚信"奇迹会出现,就像我们"祈祷"奇迹出现一样。人们很难相信奇迹会出现。在某些方面,期待某种奇迹出现就意味着我们根本不期待着奇迹出现,因为奇迹不可期。

相信奇迹就是相信某种超自然的力量,在许多人的心中,这需要引入神的概念。当某一宗教宣称某个具体而有历史性的奇迹是神明的启示时,这种联系就更加明显了,如耶稣在水上行走,以及他在死后重生。虽然我们可能相信我们能够发现奇迹,但我们找寻它的方法又是什么呢?

从经验中辨别出奇迹

如果你的一个患有重病的朋友出乎意料地并且几乎自动地痊愈了,他的痊愈与所有的医学诊断相反,你是否会认为这可能是奇迹的缘故?这是一个非常好的案例,因为它会使人们意识到奇迹的核心是反差。一方面,世界的正常进程正如我们期待的那样,符合我们脑海中多年来的经验与观察结果。这种经验通常贯穿了我们的一生,所以如果某些事情违背了我们的期望,我们的第一反应很可能是震惊与怀疑。另一方面,所谓的奇迹本身所具有的独特性质与我们的经验是矛盾的，因此它会让我们产生困惑。不论奇迹到底是什么，它都是一种极其深刻的心理事件，它打破了我们对世界的基本认知。

奇迹的前提条件

如果我们一开始不把奇迹当作不可能发生的事情，那么对我们来说，有一到两个关于奇迹的假设。第一个假设与我们感知奇迹的方式有关。对我们来讲，感知奇迹就像感知地球上的其他任何事情一样，是通过我们的眼睛和耳朵还有其他感官来实现的。我们觉得自己的感官是可靠且忠诚的通信员，也就是说，我们完全可以信赖它们。假如我们的眼睛很容易看到不存在的东西，那么这将成为怀疑一切表面上的奇迹的理由。

在第二个假设中，我们需要考虑的问题是，是否存在某些人或物可以干预事件的正常进程。奇迹可能由外来生命引发，如高级外星种族，但通常的解释是，奇迹的背后是神。这种理解反映在短语"divine intervention"（意为"神的干预"）与奇迹同义上。神的存在可以假定奇迹发生，这种关系也可以从奇迹反推至神。就像奇迹的概念可以假定神的存在一样，奇迹的出现也可以被用来证明神的存在。

休谟对奇迹的反对

这是一个很好的以怀疑的态度探究奇迹的观点。大卫·休谟（1711—1776）也看到了奇迹与神之间的紧密联系，尤其是在宗教主张中。事实上，他认为信仰任何一种宗教的唯一的好理由就是奇迹的出现。然而，问题是奇迹是不太可能出现的，最糟糕的是，它无法被证实。

无用的哲学

休谟对奇迹的反对主要源自自然法则的概念。如果自然法则存在的话，这些法则就是通过我们长期持续的观察才得以被建立起来的。例如，一个人死了，我们明白他会永远地死去。休谟会问，你是否亲眼见过有人死而复生？从他的角度来看，无论拿出什么样的证据来支持奇迹存在，它们都会被数量惊人的展现自然法则之坚固的证据所压倒。因此，如果有人声称有死者复活了，那么与那些成千上万的死去便不复存在的人相比，这个案例就如沧海一粟。对此，最为保险的说法是，奇迹在某种程度上是一种误解，它源自将未死之人当作死者的错觉或误判。

这两种看待奇迹的方式相持不下，一方相信奇迹，另一方对奇迹持怀疑态度。这是一种哲学上的分歧，而不是关于证据的数量和种类的争论。因为正是奇迹自身独一无二、前所未有的特点，才让相信者相信其存在，怀疑者怀疑其存在。

回归奇迹与经验本身

最后一部分我们将讨论辨别与发现奇迹的方法。这个问题是由于我们自身的经验而产生的。假设我们根据对世界的经验来判断某件事情是否是奇迹，由此，如果我们对世界的理解是

相信奇迹的前提条件

- 具有区分奇迹和非奇迹的能力
- 相信感官可以观察到奇迹
- 奇迹的归属和来源，即其创造者，如上帝

第 18 章 论奇迹的可能性

大卫·休谟以其对奇迹、因果律和宗教的怀疑而闻名于世。

不完整或错误的,那么我们对奇迹的认知可能也会受到质疑。例如,有个人一生都生活在一个远离现代社会影响的偏远热带岛屿上。他没见过冰,因为他居住的地方从不结冰。一艘船发现了这个岛屿,船上的人让他知道了冰的存在,他认为冰就是一个奇迹,因为水变成了固体。这个人当然有理由相信这是一个奇迹。这个例子与其说是反对奇迹,不如说是在质疑我们辨别奇迹的能力。这表明,我们应该谨慎看待所谓的奇迹,将一件事情认定为奇迹在很大程度上取决于我们如此称呼它,并假定我们知道奇迹是什么样子的。

无用的哲学

水总是保持着液态。

水

哇！水竟然凝固了，这是个奇迹！

冰

一位从未见过冰的岛民有理由认为这是一个奇迹。

第19章

宇宙设计论

假设有一天晚上,你正在海边散步时看到某个物体在月光下闪烁,当你走近并捡起它后,你发现那是一块十分精美的怀表。此时,你可能会产生几个疑问。

这块怀表是从哪里来的?它是谁的?它值多少钱?不管你对这块怀表有多着迷,你所有关于它的疑问都来自某些更基本的看法,即你正在仔细检查的这样东西不是自然形成的。怀表并非一直被放置在海边,也不是海边的某种永恒的特征。你会想当然地认为有人制作了这块怀表用来看时间。这块怀表是人类智慧的结晶,而非直接由金属和玻璃形成的。

如钟表匠一般的上帝

上面的推理在过去的几个世纪里勾起了无数人的兴趣,通常下一步就是,基于我们身边那些显而易见的受造物,来研究上帝是否作为造物主而存在。这样,人们就可以沿着这条道路,将人类智慧的产物,如怀表或歌曲,与宇宙整体进行类比。如果一块怀表都需要一个创造者,那么宇宙也同样需要一个造物主。这种证明上帝存在的方式被称为设计论或目的论,目的论是一个有关宇宙秩序的古希腊哲学学说,它引起了人们的关注。

无用的哲学

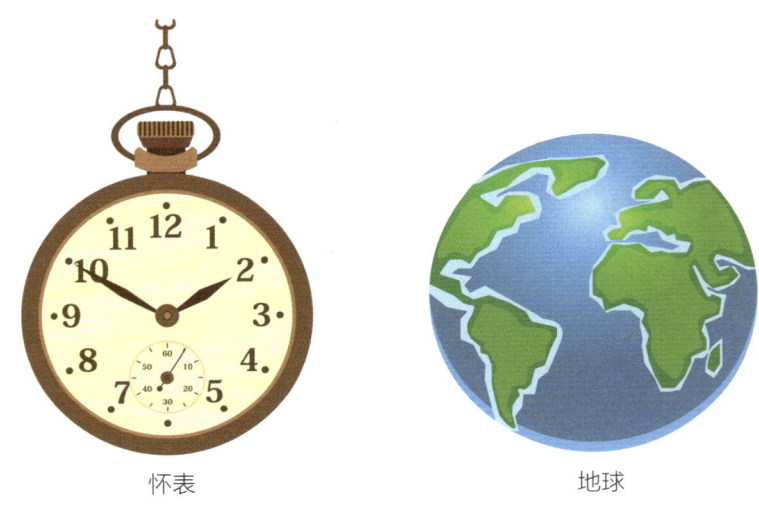

怀表　　　　　　　　　地球

二者都是被设计出来的吗?

威廉·佩利（1743—1805）曾提出了一个与上述钟表匠类比十分相似的观点，但是这种观点的起源要远早于此。例如，柏拉图就曾在他的《法律篇》的第十卷中指出，在夜晚可见的宇宙的复杂性就足以引起人们对神的信仰了。在亚里士多德失传的著作《论哲学》中，他同意了这一观点：一个人一生都被隔绝在地底下，当他第一次看到天空时，他必定会被此等奇观所震撼并相信神的存在。

多样的设计论

设计论因其相对简朴同时易于传达给他人而引起了许多人的注意。但是这并不意味着它不复杂，这一点，我们可以从设计论具有多种形式看出。举例来说，设计论可能只是一个对受造物和世界的较为宽泛的类比，也可能是对在人造物上和自然界都能发现的某些智慧印记进行论证。它可能会声称，宇宙整

第 19 章　宇宙设计论

体是被设计出来的，也可能会指出一些具体方面，如生物细胞中分子所具有的复杂性、行星系的排布以及似被精密调整过的生态系统，看起来都像是专门为人类活动设计的。

有些人认为，设计论不仅仅是将那些如怀表一样显而易见的设计物与同被认为是被设计出来的自然界相提并论。实际上，我们在自然界中看到的事物早已超越了人类所能创造出来的任何产品。在宇宙中有太多比怀表更复杂且更具智慧的事物了。如果怀表是被设计出来的，而且我们对此深信不疑，那么我们又有多大信心来相信宇宙本身是由造物主所设计的呢？

威廉·佩利在他的《自然神学》一书中提出了对上帝存在的目的论论证。

无用的哲学

设计论的特征

如果我们更仔细地分析设计论或目的论,则可以梳理出若干个不同的元素。首先,就像我们看到的复杂精密的汽车或计算机,自然界也有其复杂性。其次,自然界中也有为使整体发挥作用而将各部分结合起来的情况。就像怀表中的转轴和齿轮所发挥的作用一样,我们或许也可以这样理解生态系统,它发挥着调节和维持生命形式及其所栖息的世界的作用。最后,也许最具争议的说法是,就像怀表是"为了"让人们看时间一样,由于宇宙也是受造物,所以它也有一个目的,我们通常将其等同于上帝的目的。

外观与设计论

在一些没有争议的设计案例中,存在着一些无可否认的"让人一目了然"的元素,即使这些设计简单粗糙,如孩童所作的手指画。我们通常可以由此得出一个结论,即设计论在很大程度上依赖于外观。有一种说法指出,所有被设计出来的东西看起来都像是被设计出来的,但是是否所有看起来像是被设计出来的东西都是被设计出来的还有待商榷。

智慧设计论

目的论的现代版本就是备受争议的"智慧设计论"。到目前为止,这种观点只适用于生物的微观层面,尽管理论上它可以被应用于其他领域。因为意识到进化论已经严重威胁到宇宙设计论,设计论拥护者们声称自然界具有"不可简约的复杂性"。这意味着什么呢?他们的想法是,我们可以把生物结构想象成一个各部分环环相扣运转且不能相互独立的整体。整体

第 19 章 宇宙设计论

的各部分必须同时运作，如果各部分不是被这样安排的话，整体就无法发挥作用。想象一下，假如我们从一个普通的捕鼠器上拿走弹簧或锤头。缺少了一个或多个零件的设备并不是变差了，而是根本不是一个捕鼠器了。所以，结论是，从简单到复杂的累积渐进的发展过程（如进化）是不可能存在的，世间万物都一定是造物主的作品。

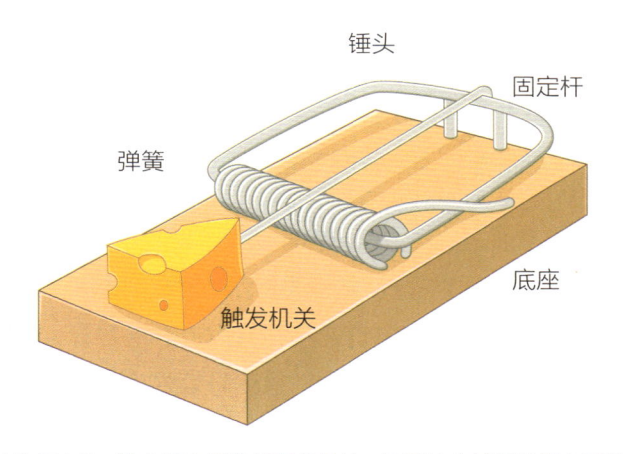

不可简约的复杂性：除非所有零件都各就各位，否则这个捕鼠器根本无法运作，则作为捕鼠器的它毫无用处。

第20章

善与恶

我们对"善与恶"概念的直接思考可能会使我们联想到光明与黑暗、真理与谬误，甚至是上帝与恶魔之间的斗争。在我们的道德生活中，无论我们信仰什么，都有一个追求善的相同信念。

至少，我们很难找到公开承认（如果我们相信他们的话）自己在追求恶，并以恶而非善作为其生活准则的人。善是指引我们前进的灯塔，它似乎也是我们应去追寻的目标，而那些我们最不赞同的行为和事件，我们往往将其视为恶。

善与恶的情形

理解善与恶的第一步是知晓善与恶以多种方式被应用。也许其中最重要的情形是道德意识，在这个领域中，我们会根据某些道德标准来评价事物的善与恶。另一个同等重要的情形是一种对善与恶的观念，几乎将其视为事物本身，区别于我们自身的观念和标签，是作为宇宙真理的一部分而独立存在的实体。

两种恶

传统上，恶被划分为两种。道德之恶是指那些人类行为直接或间接造成的恶；如地震和疾病等自然之恶则不是由人类行

第 20 章 善与恶

两种恶	
道德之恶	自然之恶
是由人类引起的	不是由人类引起的
源自人类的选择	源自选择和必然性

为造成的。这两种恶都是需要我们去避免的，但是道德之恶的特点使我们能够将人类作为恶的源头，并对其适当地谴责。

承认自然之恶使得一些哲学家开始怀疑恶是否真的存在于我们的想象之外。例如，地震本身并不具备固有的恶之性质。如果在无人居住的火星上发生了地震，则我们不会认为在那颗行星上发生的板块运动是一种自然之恶，或者任何其他种类的恶。地震只是因为与人类有直接的利害关系，所以才被认为是一种恶。

地震是一种自然之恶的形式，它与人类的行为毫无关系，这在解释地震的时候可能是有利的，也可能是不利的。

无用的哲学

在考虑人类的活动与善恶的关系时，有些人认为这种对自然之恶的分析应该延伸到道德之恶的领域中。正如自然灾害并非恶一样，我们所谓的道德之恶也不是恶，因为我们想表达的是那些对我们个人造成影响的事物所带来的沮丧，无论这些影响来自自然还是人类的活动。尽管如此，我们可能会认为，恶对我们个人的影响正是使其成为恶的原因。因为恶会阻挠、扰乱和摧毁道德主体，所以我们才应当极力去避开它。

善与恶的本质

如果世间真的有善恶之分，那我们又该如何去解释它们的本质呢？善与恶的抽象本质使得许多人得出这样的结论，即二者都不可能被定义。我们可以将查字典作为定义"善"（good）的一种方法，字典告诉我们善就是某种适宜的或合适的东西。依此，我们可以推断出两个相关的细节——善适合谁或适合什么，以及这种适宜性包含什么。如果一辆汽车的轮胎是好的（善的），则这个轮胎适合驾驶，这便是它自身的适宜性。它对驾驶员来说也是适合的，这就是他适合的对象了。在这个分析中，存在着善的许多不同的类型、应用，以及定义。这让我们仍然需要一个对善的整体说明。如果我们把善定义为令人愉悦或渴望的东西，一种模糊性便由此产生。虽然善确实是对某人或对某个具体的目标有益处的，并且善也是令人愉悦以及渴望的，但是这种描述对我们来讲毫无帮助，因为这些条件都可以由一个我们认为正在行恶的人来满足。

善与恶是如何相互关联的？

正如我们开头所提及的那样，善与恶常常是相互关联的。

第20章 善与恶

有一种方法可以使我们更好地了解它们，即将它们相互对比。有一种基于二元论对善与恶的理解。二元论认为善与恶是两种对立的力量，它们每一方都在争夺霸权。尽管善与恶都想占据上风，但从人类历史中可以看出，这是不可能的，因为二者势均力敌，都是世界的必要组成部分。二元论具有强烈的宗教导向，我们可以在摩尼教和道教等宗教中找到它的影子。在道教中，阴和阳作为一个整体概念出现，它与二元论中善与恶的角色相似。

另一种解释善与恶的方式是将善理解为世间最为基础和本质的元素，而恶则是一种存在和定义均依赖于善的衍生属性，这种理解方式依旧仰仗于二者之间的关联。这种对恶的解释由古希腊哲学家普罗提诺（约204—270）首次提出。普罗提诺认为，恶是一种非存在，它自身只是一种缺乏。恶本身不能独立存在，它是一种相关实体或属性的缺乏。普罗提诺坚信，恶

阴和阳

无用的哲学

普罗提诺认为，恶本身并不存在，它是善的缺乏。

表现出的缺乏是绝对的，是一种完全性的缺乏，这就是它是恶的原因。奥古斯丁（354—430）采用了这种模式，将疾病描述为一种恶，代表着健康的缺乏，而将恶习也描述为美德的缺乏。

善与恶是决定我们想以及不想怎样生活的基本概念。也许关于善与恶最重要的哲学问题是，了解善与恶是否能帮助我们在生活中趋善避恶。生活往往需要活得具体，而行动则是生活的具体体现。如果我们要在抽象概念之外寻得善与恶的踪迹，那么正是在我们的行动之中才能找到它们。

第21章

知识的本质

知识几乎总是与一些积极的东西相关联，如智慧、教育、能力、才智、洞察力。然而，这种思路会使我们理所当然地认为世上存在着知识，而且我们实际上是拥有着知识的。但是知识本身有着更深奥，甚至可以说更黑暗的一面，这就是知识的知识。

当我们开始探究和审查我们所知道的东西时，一个全新的关注点会出现在我们的视野当中。我真的有知识吗？我怎么知道我知道什么？为什么我会相信我所相信的？我能向自己以及其他人解释并证明我的想法吗？对这些问题和其他问题的探索会让我们兴奋，但也令我们感到窒息，这些问题迫使我们从头开始思考我们的信念，鼓动我们持谨慎的怀疑态度，进而放弃我们的信念，或者放弃获得智慧的希望。

对知识的研究包含什么？

认识论，或对知识的研究是一个广阔且正在不断扩张的哲学领域。虽然知识是这一研究领域的主要奖励，但是如果我们把知识视为最高或最可靠的认知成就，认识论的关注点就不仅限于知识了。

先验知识与后验知识

鉴于人类对知识的研究范围之广,不同类型的知识也有其多样性,在这里我们只能罗列出一些最为重要的知识类型。先验知识就如字面意思所指,是一种"先于经验"而获得的知识。"2 加 2 等于 4"或者"单身汉就是未婚男子"都属于这类知识。我们说"单身汉就是未婚男子"不过是迎合了"单身汉"一词的定义,所以我们没有必要去观察世上每个单身汉来确认他们是否实际上都是未婚的。后验知识是指"后于经验"获得的知识,也就是说,它是在一个人体验过这个世界之后所获得的知识。这类知识的例子有:"二战结束时温斯顿·丘吉尔是英国首相""巴黎是法国的首都""猫头鹰是夜行动物"。这些知识都不能单凭理性知晓。后验知识依赖着经验,而先验知识则不依赖经验。

命题知识与技能知识

另一种对分析知识非常有帮助的方法是区分命题知识(knowledge-that)与技能知识(knowledge-how)。命题知识是关于命题的知识。这类知识通常能够在教科书中获得,如事实、数字、概念、定义等。这类知识很容易用语言描述和解释,因

先验知识与后验知识对比

知识类型	与经验的关系	举例
先验知识	不依赖经验获得	单身汉就是未婚男子
后验知识	依赖经验获得	巴黎是法国的首都

第21章 知识的本质

命题知识与技能知识对比

知识类型	知识内容	举例
命题知识	命题、事实、数字、概念	几何定理
技能知识	具体经验	如何滑雪

此它们能够被广泛地发现和了解。相比之下，技能知识就不能被如此简单地表述出来，也许文字描述只会掩盖它们自身的特点。它们是从具有经验之人的角度出发，教导我们怎样做某些事情的知识。学杂耍就是一个很好的例子。如果你不会玩杂耍，那么你可以阅读一些教你如何玩杂耍的书。但是，这些书中所写的知识并不会赋予你玩杂耍的能力。实际上，要想学会玩杂耍，你必须具备连续抛接三个球的能力，这是你需要花费时间、努力练习才能获得的知识。即使你已经学会了玩杂耍，你也不能让别人在听完你传授的知识后立刻就能学会这项技能。

分布式知识

我们习惯于将个人理解为认知主体。但也有一种类型的知识适用于整个人类群体。一个明显的例子就是科学的进步，它依赖于知识的长期积累。有时，知识的成熟需要大量时间，因为现在的知识是建立在过去的长期进步之上的。比如，现在的物理学家必须借助艾萨克·牛顿的理论来解释他们自己的研究。他们所拥有的知识是与他人跨越时间共享的。除了跨越时间共享，有些时候知识还被划分并分配给了不同的人，每个人所拥有的知识受限于其自身所处的特定领域。例如，在智能手机的生产过程中，有人负责制造电路板，有人负责制造电池，有人负责设计手机外观，还有人负责设计消费者用来操作手机的用户界面。这些领域都被区分开来，在每个领域工作的人只需要对其他领域的工作方式拥有大致的了解就可以了。对电池制造者来说，他们不需要拥有设计手机操作系统的编程知识。这些人只有作为手机制造者整体时，才具备如何制造一部手机的知识。

专业知识和一般知识

当我们想到专业知识时，我们可能会去思考专业知识和一般知识之间的关系。专业知识被重视的原因有以下两点。第一，

艾萨克·牛顿，他的大名以及他的思想时至今日仍然活在人们的心中，因为物理学家依然应用他的理论来进一步展开研究。

第21章 知识的本质

专业知识的各种应用已经发展到了令人难以置信的地步,如计算机和汽车领域。第二,高等教育目前所发展出来的结构是,教授较为狭窄的领域内的知识,以迎合商业领域的需求。

一般知识的作用及其在社会中的地位或许受到了低估。什么是一般知识?在当今繁忙的社会中,这种知识又是如何得以存在的?一般知识是一种宽泛且在每个领域都不深奥的知识,这种知识涉及一切事物,从世界的运作原理到历史、自然、科学,甚至是如何去理解事物。它或许是一种探究那些最具价值的知识的求知欲,因为只有获得了这种知识,获得其他知识才成为可能。

不同认知主体的知识

知识类型	谁掌握它	举例
个体	一个人	如何制作一把木椅子
群体	分布于几个人、几个团体甚至是几段时间当中	如何制造一部智能手机

第22章

论不朽的灵魂是否存在

根据某些说法，灵魂是某种我们看不见、摸不着、感觉不到的东西。它完全超越了物质世界，不腐不朽。为什么我们这些凡人还要关心灵魂的事情呢？因为，许多主张灵魂是这样一种存在的思想家们声称，人类的本质就是灵魂。

然而，提出灵魂可能是什么是一回事，提出令人信服的理由来证明这一观点又是另一回事了。如果我们的本质是灵魂或者至少我们这么认为，那么我们肯定会更为关注灵魂的存在。在对于灵魂的观念中，一个重要的假设是，灵魂让我们有了身为人的特征，就这一点而言，灵魂优于肉体。

不朽的灵魂

也许对灵魂不朽最常见的观点也与灵魂自身的独特属性——作为某种非物质存在的本质相吻合。这种认为灵魂自身是独特的，与人类的物质本质不同的观点被称为灵肉二元论。以这种方式理解的灵魂是独特的，所以灵魂不像肉体那样脆弱，尤其是在面对死亡、灾害和疾病的时候。

灵魂的性质

还有一种思路是强调灵魂所具有的性质，这最早可以追溯到西塞罗（前106—前43），之后传承至笛卡儿（1596—1650）的思想中。他们认为，灵魂拥有众多的能力，可以理解一切事物，可以储存海量的记忆，并且可以发现和创造新事物，但是这些能力都不能从物质的角度来解释。从理论上讲，物质永远无法解释这些神奇的性质。

构成我们肉体的氧元素和铁元素，或者是更高层级的血液和骨骼，怎么会让灵魂拥有这些动态能力呢？这种想法的核心是一种消极但往往会成功的策略。这是为了表明，我们所熟知

笛卡儿可能是非物质性灵魂与物质性肉体相分离思想最著名的拥护者。

的具有奇妙性质的灵魂是永远不可能用纯粹物质性的术语去解释的。

柏拉图论灵魂

柏拉图是最为杰出的探讨灵魂的思想家之一。他认为灵魂具有不朽性、非物质性，甚至具有神性。在他的著作《斐多篇》中，他借即将面临死亡的苏格拉底之口，提出了若干个关于灵魂不朽的观点。

有关对立面的观点

这种观点聚焦于上文所提到的肉体和灵魂的差异。肉体和灵魂在某种意义上讲是相互对立的，它们是不同类型的事物。但是从另一个角度来看，人拥有肉体和灵魂这两种要素，是肉体和灵魂和谐结合的产物。所以，人的肉体有两种状态：肉体与灵魂相结合的状态——生；肉体与灵魂相分离的状态——死。我们之后再讨论这样定义生与死的重要性。

《斐多篇》中的苏格拉底还指出，事物都是从它们的对立面中产生的。所以，如果某种热的东西产生了，那它之前一定

物质不能解释一切

不能用物质来解释，只能用非物质性灵魂来解释	可以用物质来解释
理解力	骨骼
创造力	血液
记忆力	原子

是冷的；如果某人从睡梦中惊醒，则他之前一定睡着了。苏格拉底提出，这种关于对立面的理解可以应用于一切事物，并且只要世界在正常运转，对立面就会从其对立面中产生。

苏格拉底提出，如果这一切都是真的，那么生就由死而来，因为死正是生的对立面。如上所述，生是肉体与灵魂相结合，死则是肉体与灵魂相分离。该论述的终点是承认我们终有一天会走向死亡，即肉体与灵魂相分离。但是，因为对立面不仅从其对立面中产生，对立面也导致了其他对立面的产生，所以，肉体和灵魂分离会让人死亡，而死亡又会使肉体和灵魂团聚（结合），从而迈向新生。所以，虽然我们会死，但总有一天我们会重生。

笛卡儿：灵魂是我们真实的自我

灵魂的另一个依赖于灵魂与肉体区别的特质可以从笛卡儿的思想实验中证得。该实验旨在展示一个清晰易懂的结论：我们自身不仅仅是肉体；事实上，灵魂在没有肉体的情况下是最容易被理解的。想象一下，你自己并没有肉体，此时你就是隐形的，就像戴上了《指环王》中的魔法戒指。你站在镜子面前，但是镜子里什么都没有；你不用洗脸、不用梳头、不用刷牙。一些人认为，正是这种场景的可想象性表明，这种情况是可能存在的。你可以想象自己没有了肉体，这恰好表明灵魂和肉体是两种不同的东西。举个例子，我们不能想象自己没有牙齿和胃就能吃饭，所以吃饭这件事是不能摆脱肉体进行的；但是我们可以想象自己脱离肉体存在，这就表明了灵魂和肉体之间存在重要区别。

上述观点和柏拉图的思想，以及对灵魂不朽的最常见观

无用的哲学

点都源于灵魂与肉体相区别的思想。这些观点本身只表明灵魂是不同的,而不是不朽的。在这个思想链条中,需要被补充进去的是肉体固有的可朽性。如果肉体是一个由不同物质组成的实体,这一实体必然会在某一天分崩离析,最终消亡,那么我们可以想象,灵魂的简单性与不可分割性将会使其免遭同样易逝的命运,从而确保其超越物质而存在。

你能想象自己摆脱了肉体站在镜子前吗?

第 23 章
真理与谬误

说谎者对真相总是抱有疑问。这并不是说他们不了解真相,也许我们可以认为,那些说谎者正是因为太了解真相,所以他们才能够用自己的语言将其掩盖。真相,乃至真理似乎是人类世界的一部分,它们对我们生活的方方面面都有影响,甚至那些不诚实的人也掌握着它们,这样他们就可以为了自己的目的而将其扭曲。

什么是真相?如果我们跨越真相的范围,真理又是什么呢?真理不仅涉及如科学和逻辑等严谨的研究领域,它也渗透在我们的社会交往、我们的思想以及我们与现实最深层的关系中。

陈述和真理

也许我们可以从一些相当简单的陈述开始。太阳是一颗恒星。3 加 3 等于 6。我们不会认为这些陈述为假。它们为真。但是,现在困难的部分来了:真或假又代表着什么呢?我们可以用多种方式去看待这个问题。我们可以把"太阳是一颗恒星"这句陈述仅仅看作一种语言上的表述,也可以把它看作对事物状态的一种描述,即在现实中事物是怎样的。我们也可以把真理看作对世界的描述,看作现实的一部分,或仅仅看作我们用来传达意思的某种惯例。

当我们在凝视真理时，我们首先要考虑的事情便是是否所有的事物或某些事物或真或假。这样，我们就将自身的注意力转向了一个陈述是否或真或假。如果一个陈述或真或假，则它必须有一个主张。"奶酪很恶心"这句话非真又非假，因为它只是个人的观点。同样，祈祷和指令等非陈述性语句，它们都不主张任何事情，所以它们都不是或真或假的。

真理符合论

最常见的真理理论之一便是真理符合论，它具有非常实际的吸引力。在这个理论中，如果事实符合陈述的内容，则这一陈述可被宣布为真。

这个理论的重点在事实上，而不是在那些可真可假的命题或陈述上。因此，如果事实和一个陈述（如果陈述为真）确实是相符合的，原因就是这个陈述对应着事实，并被事实所检验，就像考完试对答案一样。如果事实证明牙仙并不存在，那么"世界上存在牙仙"的陈述就为假。这是一个相当简单的陈述，因为它只涉及一个因素，即"牙仙"。对于那些更为复杂的陈述，如"月球上有众多环形山，并且它们都有拉丁语名称"，我们就必须先去弄清楚月球上是否有众多环形山，再查明它们是否都有拉丁语名称。如果月球上确实有众多用拉丁语命名的环形山，那么这个陈述就为真。

在这些例子中，我们可以发现，真理符合论中有两种存在必然的密切联系的要素。一种是命题，另一种是事实。事实就是现实的实际状况；而命题则是一种语言表达，与事实相符或不符，因此或真或假。

第 23 章 真理与谬误

我们如何证明"月球上有众多环形山,并且它们都有拉丁语名称"这句话为真呢?

由于命题对事实有着严重的依赖性,一些哲学家就此延伸,坚持真理同一论。真理同一论,顾名思义,主张一个命题若为真,就必须与它所对应的事实毫无差异。在这个框架中,真理从根本上从属于命题。

真理融贯论

真理融贯论是关于如何正确解释真理和谬误的另一个有力竞争者。在这一理论中,如果某一命题在融贯体系中与其他信念相融,则该命题为真。这一理论的一个独特之处在于,它不像符合论那样,将真理诉诸信念体系之外的东西,要求真理必须与事实相符。在融贯体系中,我们不需要独立的解释:每一个被宣称为真的命题只需要不与其他信念相冲突,这就足够了。

无用的哲学

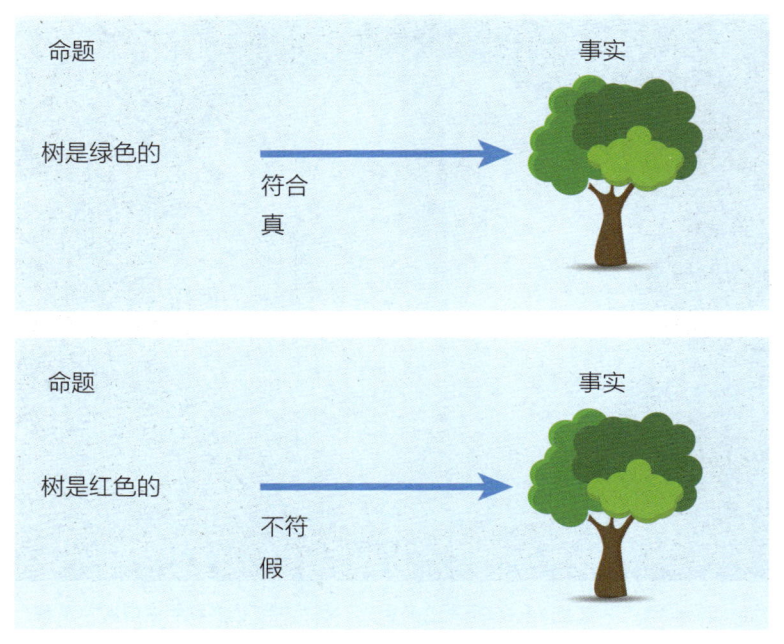

命题　　　　　　　　　　　事实

树是绿色的　　　→

　　　　　　符合
　　　　　　真

命题　　　　　　　　　　　事实

树是红色的　　　→

　　　　　　不符
　　　　　　假

真理符合论

　　这表明了在融贯体系中，信念和真理并没有真正的区别。实际上，正是那些被理解成了不同命题以一种统一的方式相融合的信念，决定了哪些命题为真。这一理论吸引了众多追随者的原因在于，我们不可能像真理符合论宣称的那样，摆脱我们关于某些事物的信念，看到事实到底如何。我们不能一只手攥着我们自己的信念，另一只手攥着事实，去观察它们到底有什么异同。我们所能期待的最好结果就是我们的诸多信念彼此一致，乃至彼此相融合。

　　最近关于真理概念的研究提出，真理可能是一个灵活的术语，能够适应它被使用的场景。在某些情况下，真理可能适合被解释成符合论中的真理；而在其他情况下，真理可能需要被理解为融贯论中的真理。仅仅考虑这种解释的多元化就会引出有关真理的基本性质的问题。是否有什么决定了什么是真理呢?如果有的话,是语言、事实,还是两者间的关系?真理是否是一个超越了所有范畴的实体呢?

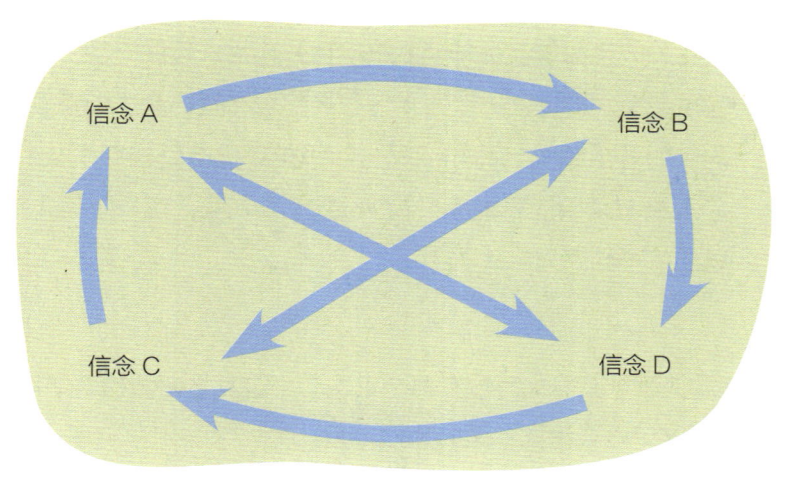

真理融贯论:信念是相互融合、相互支持、相互强化的。

第24章

尼采的超人哲学

超人是弗里德里希·尼采在其著作《查拉图斯特拉如是说》中提出的一个哲学思想。尽管有些巧合,但是尼采的思想和我们熟知的同名超级英雄没有任何关系。尼采最初采用的术语是"*Übermensch*",我们可以很容易地将其翻译为超人。

超人哲学具有多种解释和争议,其中最臭名昭著的是纳粹将该理论作为其种族主义的象征。

基督教的衰落与其替代品的需求

尼采曾宣称"上帝已死"。这并不是说造物主突然从他的王座上跌落。尼采的宣言真正的意思是基督教信仰的崩塌,以及伴随着信仰的崩塌,人们在道德上的巨大变化席卷了尼采所处时代的欧洲大陆。在他的思想中,上帝被凌驾于他的事物所取代,也就是超人。

《查拉图斯特拉如是说》是作为一个故事被讲述的,因此这本书可能会很难理解。虽然这本书魅力十足,但其中人物的对话往往令人费解。书中的主要人物是查拉图斯特拉,也就是琐罗亚斯德,他是古代琐罗亚斯德教创始人,现在这个宗教已经鲜为人知了。这本书既是文学作品又是哲学作品,以一种强而有力的叙述形式传达着尼采的思想。

尽管尼采所说的"上帝已死"只是对他所观察到的现象的描述，但这并不意味着他对基督教的衰落毫无意见。实际上，他对旧宗教的衰落感到高兴，因为他看到了它的弱点，并且认为旧宗教是对创造更好的事物，也就是超人的降临的阻碍。从他的角度来看，基督教牺牲了肯定生命意义的价值观，加剧了弱者与可怜人的困境。特别是，尼采认为，基督教在两个方面贬低了我们现在的生活，其一是过分关注来世而不是我们当下的环境，其二是将贞洁视为美德。他认为这种对性的消极看法干扰并试图错误地消灭对生命至关重要的繁殖冲动。

弗里德里希·尼采主张用超人的概念取代上帝的概念，将其作为道德准则。

超人和权力

超人被认为是一种对新道德需求的回应，他不仅可以超越对上帝的旧信仰，还可以超越当前人类存在的局限性。通过一种富有诗意的方式，我们不再有追随上帝的义务，因为他已经死去，但是我们仍然需要遵循自然的指引，而自然以大地为代表。自然赋予了我们特定的冲动和能力，我们应当去实现它们。超人最关心的是权力，这个词被尼采广泛应用。权力被定义为善，所以软弱是恶。尼采认为，权力的感觉和权力本身一

无用的哲学

重要术语

上帝已死：
基督教的衰落以及随之而来的道德形式的消亡

羊群效应：
大多数人都会不假思索地接受他们自身文化中的思想和做法

权力意志：
每个人都会为了自身的发展，寻求掌控权力，进而达到"释放自身力量"的目的

样重要。这种对权力的追求被称为权力意志。权力意志不应该被理解成试图将他人置于自己的统治之下，尽管它可能也有这方面的应用。权力意志的主要功能是驱使我们按照自己想要的方式去塑造自我。这个概念的特殊本质似乎妨碍了尼采对权力意志的细节解释，但是他关于人"寻求释放自身力量"的陈述，很好地抓住了这种情感的范围。发展和表达自我的欲望是因人而异的，但我们每个人都一定拥有这种欲望。

超人与人类的对比

尼采将超人的概念与自然秩序联系在一起的修辞手法是将人类比作蠕虫，因为人类自身几乎没有任何价值。他声称人类只不过是一种猿猴，其真正的价值在于向超人过渡。超人处于一个独特的位置上，不仅推进了自身的事业，还要推进整个人类的事业。人类大众不具备像超人那样改变历史进程的能力。这是因为普通人都受羊群效应的影响。大多数人都缺乏将世界改造得更好的独立意志，他们只是不假思索地遵循他们所受到的教诲，坚持他们所处社会的一般做法。

超人是什么样子的？

　　超人能够以一种激进的方式，通过其自身的远见卓识和价值观去影响世界。尼采最喜爱的例子是拿破仑，他影响了欧洲几个世纪的政治、法律甚至伦理秩序。在某种程度上，尼采痴迷的只是拿破仑给人类秩序带来了彻底改变的事实，而不是某些变化的具体细节，或者他所使用的手段——大规模的战争。你可以说尼采对此漠不关心，他只关心拿破仑创造了新世界，而不关心这个新世界是什么样子的。超人是能直接用自己的权力意志去克服世界上一切麻烦和问题的人，至少在尼采看来超人就是这样的。

拿破仑就是一个很好的超人范例，他藐视传统，开辟了一条全新的道路。

超人 vs 基督教

　　因为超人是开拓者，并且尼采假设（至少在他的语境中）上帝已死，而基督教不这么认为，超人就必须反对基督教所坚持的道德和实践。所以，超人所寻求的新世界将在旧世界的废墟上被建立起来。最终，超人需要克服的是旧世界的价值体系，从而跨越现在人类的"桥梁"，展望新的未来。当旧世界被摧毁时，人类将失去方向，此时只有超人才能给人类提供指引。

无用的哲学

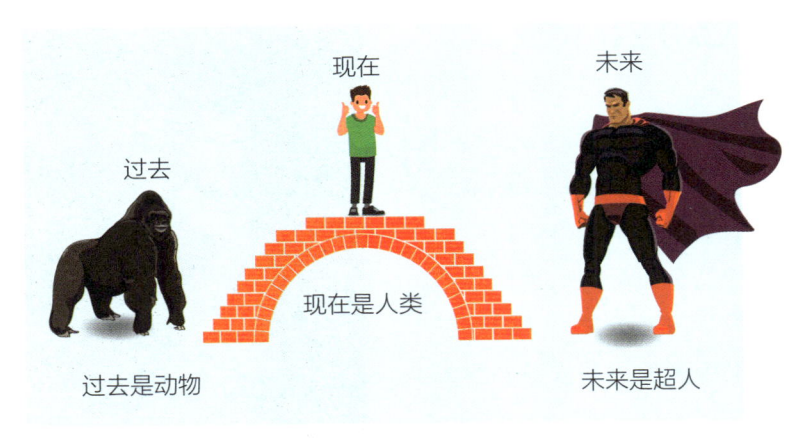

过去

现在

未来

过去是动物

现在是人类

未来是超人

人类是通往超人概念的"桥梁"。

第25章

克尔恺郭尔的人生三阶段

索伦·克尔恺郭尔（1813—1855）的一生短暂却充满了激情。他的名字被许多人所熟知，但他的哲学思想的具体内容除了与存在主义模糊地联系在一起，通常不为人所知。他的思想被忽视的部分原因在于，他是使用丹麦语进行写作的，而这种语言的使用者相对较少。但是，在过去的百年间，他已经作为最具价值的哲学家之一，赢得了世界范围内的声誉。

人生三阶段

克尔恺郭尔是一位注重实践的哲学家，专注于对日常生活中遇到的困难的研究。在本章中，我们将探讨他提出的人生三阶段：审美阶段、伦理阶段以及宗教阶段。在我们研究这些人生阶段的特殊意义之前，先来谈谈它们彼此之间的关系是很有帮助的。这三个阶段并不是互斥的。例如，你的人生可能有一部分处于审美阶段，另一部分则处于宗教阶段。在理想的情况下，一个人应当最终迈入宗教阶段。然而这种理想的情况往往不会出现，与此相反，你很有可能被困在审美阶段或伦理阶段当中。进阶需要个人的反思，而不仅仅依靠年龄的增长。因此，进阶并不能得到保证，它必须通过心灵层面的转变来实现。审美阶段与伦理阶段的人生都不及宗教阶段的人生丰富且有意义。

无用的哲学

审美阶段

审美阶段的人生是感性的人生。它最主要的特点是直接。处于这一阶段的人不能以改善为目标来审视和分析他们的生活。这一点并不奇怪，因为处于这一阶段的人只活在当下而无法着眼于未来。克尔恺郭尔认为，绝大多数的人都是这样生活的。他也曾有过这样的生活，吃可口的食物，租车闲逛，仅仅是为了享受。这种直接性和暂时性通过享乐得以展现。这不仅使人们陷入了一种肤浅的生活，而且从根本上让他们无法对自己的生活给予真正的关注并保持生活的一致性。

我们甚至可以区分一个人审美阶段的人生是粗俗的还是优雅的。过着粗俗审美生活的人会情不自禁地沉湎于各种直接的愉悦当中；而过着优雅审美生活的人可能会在哲学、文学和艺术中寻找更高层次的乐趣。然而实际上，这是缺乏更大凝聚力的一种无序生活。是什么将这些过着不同审美生活的人联系在一起的？答案是生活强加给他们的。因为他们专注于短暂的快乐，他们把生活经历看作一连串的幸运或不幸——责任和能动性甚至没有进入他们的生活图景之中。

审美阶段的核心问题在于，那些过着这种生活的人发现其自身并不具有一致性，因为他们感兴趣和付出精力去做的事情是如此的肤浅，以至于这些事情无法使他们满足。他们可能会采取的一种欺骗自己的策略就是轮作法：从一种快乐转换到另一种快乐，经常性地以某种新奇独特的方式享受这些快乐，希望生活的老路能通过一种不同的体验来让他们更加满意。例如，有人上了一门烹饪课，但上完之后就不再为自己做饭；有人买了一本书，但只阅读最后一章；有人坠入爱河，但是又不可避免地对爱人感到厌倦。

第 25 章　克尔恺郭尔的人生三阶段

索伦·克尔恺郭尔是一位富有影响力的作家、神学家和哲学家。

伦理阶段

只有当一个人看透了审美阶段的肤浅，他才会从这种生活方式中逃离出来，并为进入伦理阶段做准备。伦理阶段几乎是通过与审美阶段进行对比而得到的定义。鉴于审美阶段的人生被外部世界所消磨，伦理阶段只专注于内在自我。伦理阶段的人生赋予了人们一种审美阶段所缺乏的秩序观。这种从审美阶段向伦理阶段的转变具有一种半宗教性的特质，克尔恺郭尔称之为悔改。因为处于这一阶段的人是以自身为导向的，而不是以外部世界为导向的，就算在世俗层面上受挫也不会令其感到困扰。相反，其人生是通过对自身目标的努力以及奉献进行评判的。总而言之，伦理阶段的人生致力于发展个人能力和承担责任，如婚姻和家庭生活等方面。

无用的哲学

　　这一阶段的困难是其要求太高了。毫无疑问，任何追求伦理生活的人都会感到自身无法满足这种生活的要求。令克尔恺郭尔更加惴惴不安的是，当一个人完全被伦理所支配时，他就会在他所尊崇的那些普遍的价值观中失去自我意识。他所渴望的生活与他实际过着的生活之间的不匹配会使他陷入绝望。如果这种绝望得到了正确的疏解，则会将其引向宗教阶段。

宗教阶段

　　宗教阶段将生活的目的视为寻求个人意志与上帝意志之间的一种深层次的关系。对克尔恺郭尔来说，亚伯拉罕（希伯来人的祖先）就很好地践行了这种生活方式。

　　当个人将自己的意志完全交予上帝时，以道德和理性为核心的伦理阶段将被宗教阶段所取代。处于这一阶段之人的导向是认可上帝的要求，这意味着他们必须有意识地决定将生活引向永恒。这尤其意味着通过上帝成为人——耶稣，我们寻求与上帝的关系成为可能。这涉及了一种"信仰的飞跃"，因为人不可能完全理解上帝成为人这样的悖论。最后，处于这一阶段

人生三阶段

	导向	目标	能动性	缺点
审美阶段	外在	直接性和快乐	被动	肤浅、难以令人满足
伦理阶段	内在	秩序、伦理道德和责任	主动	太过苛刻
宗教阶段	内在	上帝和永恒	主动	无

第 25 章 克尔恺郭尔的人生三阶段

的人并没有完全放弃审美和伦理，而是赋予它们应有的地位，从而让它们的价值在永恒的光芒下被限制住。一切事物最终都必须服从于永恒。

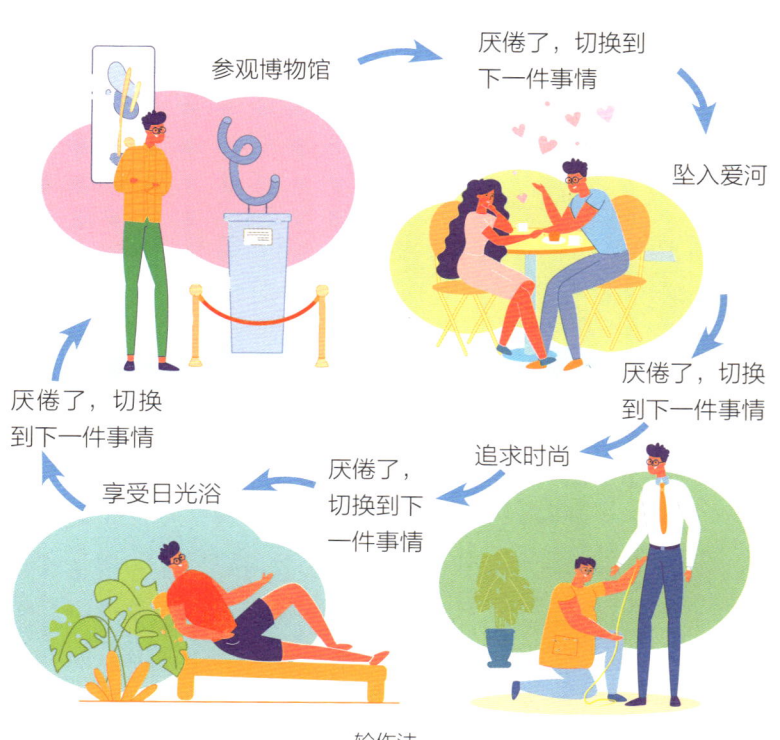

参观博物馆

厌倦了，切换到下一件事情

坠入爱河

厌倦了，切换到下一件事情

追求时尚

厌倦了，切换到下一件事情

享受日光浴

厌倦了，切换到下一件事情

轮作法

第26章

为最大效用而行动

从某种角度上讲，我们或多或少都是为了最大效用而行动的，即试图将某个我们认为最有价值的属性最大化。我们可能会通过精打细算来尝试最大限度地利用我们自己赚的钱，也可能会通过周密计划从而尽可能多地安排每周的事情。

这还有一种更加宽泛的含义，即我们可以用相同的目标来对待我们的生活，将效用最大化作为指导我们生活的伦理理论。功利主义是一种追求最大善的哲学学派，在该学派中就有这样的目标。虽然功利主义于20世纪才被提出，但是该学派声称他们的理论具有古老的血统，因为在古代哲学中，伊壁鸠鲁学派确实也追求最大善，他们认为自己所追求的善就是能带来快乐的东西。正如我们将看到的，现代的功利主义也将快乐的概念与善联系在一起，同时将其对善的思考延伸到了自我之外，不仅仅追求自己达到最大善，还追求所有人达到最大善。

一个实践性的理论

正如我们对伦理理论的期望，功利主义的实践性会在指导我们行为的时候发挥它的作用。尽管功利主义的其他伦理理想可能会因过于抽象和笼统而难以应用从而招致批判，但是其优势在于，人们至少可以通过对整体预期利益的探索来找出许多备选的可能性，并从中发掘出具体问题的具体答案。

那么从功利主义的角度出发，我们应该怎样判断一个行为的正确性呢？要用哪一条标准来评估采取行动的不同可能性呢？要回答这个问题，我们必须了解功利主义作为一种理论到底是如何恰当地将事实和条件考虑在内的。只有当我们以正确的方式考虑这些事实和条件时，我们才能知晓所采取的行动是否是正确的。正如我们一开始所提到的，功利主义是一种主张人人平等的哲学，它平等地关切每一个人。在更广阔的层面上，功利主义的适用范围也延伸到了结果。

例如，如果我们决定在一家医院里治疗一位高度传染性疾病患者，我们不仅应该思考这将会如何影响这位患者，也要考虑一下这样做会不会影响医院里的其他患者、医护人员以及医院周边区域。由此可见，从功利主义最广泛的意义上讲，我们必须提前考虑某一行动所产生的影响。

什么应该被最大化？

尽管如此，从更宽广的角度来看问题并不能告诉我们该做

正确的行动不是来自	正确的行动来自
规则	最大善，被理解为人类的幸福与快乐
法律	
使命	
美德	

无用的哲学

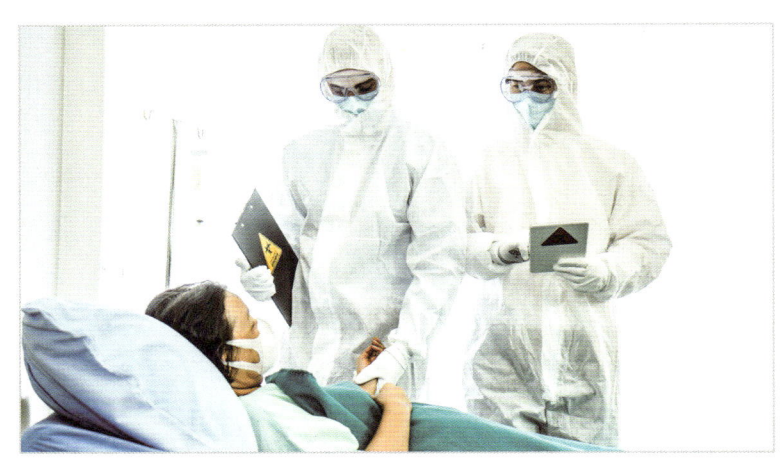

如果患者患有高度传染性疾病,即使其自身情况相当糟糕,也可能会被隔离,因为这会最大限度地提高整个社群的福祉。

些什么,因为我们仍然需要去充实我们的观念,弄清我们在这个世界上到底应该将什么最大化。对于我们应该追求什么样的善或效用,功利主义者中有着不同的思想流派。对有些人来说,我们应当去考虑在总体上更大的善——这被定义为幸福,所有事情都需要被纳入考量。幸福本身可以用不同的方式定义。它可以具有主观的成分,比如最大化快乐或最小化痛苦。如果我们想要进一步发展这个思想,即认为幸福就是快乐,我们就必须计算出每个人总的快乐或总的不快乐,总的不快乐包括悲伤、痛苦和失落,这些都会影响快乐。

　　回到上面的例子,让我们假设把患者收入医院时所产生的快乐和招致的不快乐相加,同时我们也会把这个过程延伸到每一个会被这名传染病患者影响的人。同样,如果我们不接收这名患者,我们也会进行相同的心理过程。从快乐和不快乐的角度看,接收这名患者的"成本"又是什么呢?无论什么选择,

第 26 章 为最大效用而行动

只要其快乐的总和减去不快乐的总和的结果超过了其他的选择，那么这个选择就是我们应当去采取的行动。以这种计算快乐的方法选择的行动方式是正确的，而其他的行动方式都是错误的，甚至在道德方面也是有问题的。

追求效用的方式是不是太难做决定了？

很明显，恰好是因为有了这种为求得正确行动方式的计算，以追求效用为目的的行动才和其他道德行为标准相悖，如那些重视我们自身的义务或者诉诸效用之外的原则的理论。正是由于做出正确行动的决定需要花费大量时间的特质，功利主义之父杰里米·边沁（1748—1832）提出，就效率而言，有些

杰里米·边沁是功利主义的创始人之一。

无用的哲学

时候将一切与做决策相关的信息都收集完是一种不切实际的想法。在这种情况下，人们只能根据自己所了解的情况做出一种功利主义的抉择。

古典功利主义与规则功利主义

功利主义有很多重要的变体。我们已经在上文介绍了古典功利主义或者说行为功利主义，它提供了对特定行为的决定的指导。与此相比，规则功利主义并没有下降到每个特定行为的层面上，而是主张一个行为的正确性在一般情况下应与旨在效用最大化而制定的既定规则相一致。因此，原则上讲，为一般的情境所制定的既定规则很可能会在特定的案例中减小效用，尽管从长远上看，在大多数情况下都会增大效用。

尽管功利主义时常被看作一个机关算尽却心如止水的冷酷行为仲裁官，但作为一种哲学信念，功利主义的拥护者经常把它看作幸福最大化。因为到头来，幸福总会出现在我们的眼前，而效用只是让我们更快地到达幸福的目的地。

功利主义的两种类型	
古典功利主义	规则功利主义
以最大效用的方式行动	如果存在一般的规则，则按照规则行动，虽然这种既定的行动路线可能会减小效用

第27章

在义务的边界中行事

你听到有人敲门,于是打开了门,你发现门外站的是秘密警察。他们希望从你的口中得知一些反对者的位置,但你很清楚这些反对者都是无辜的好人。你碰巧知道这些反对者的具体位置——就在你家的餐厅。你可以告诉警察你不知反对者的去向,他们便会立刻放过你。但是,你选择告诉警察,这些反对者就在你家中。

康德与义务的绝对性

上述故事准确地传达了伊曼努尔·康德(1724—1804)的观点以及他提出的道德义务论中义务的绝对性。道德义务论包含了一种伦理学理论,他在其中对义务做出了一种解释,即我们应该做什么。在上面这个虚构的故事中,告发反对者的行为实际上得到了康德明确的支持,因为他认为一个人的义务之一就是不撒谎。这项义务广泛适用于任何时间以及任何场合。警察会将反对者带走并使他们遭受厄运,这一事实与我们应当遵循的诚实义务相比是次要的。

很明显,道德义务论并不是一种结果论。道德义务论并不会先去计算既定行动的得失与结果好坏,再根据伦理道德方面的衡量结果来决定是否采取这个行动。它非常强调道德主体与世界之间的关系。

人格与义务论

康德的义务论以人格概念为核心。我们并不能在人之外找到人格概念；反过来说，人格又是由运用理性的能力所决定的，而人只因成为人就拥有了这种能力。这种人格的概念在某种程度上是神圣不可侵犯的，因为我们不应该不把人当作人看待。这意味着我们不应将人当作客体，而应将人当作自身具有理性能力的主体。我们也可以将这种对主体的尊重，以及不顾及我们自身的快乐、幸福以及后果的现象描述为对义务本身的全方位遵循。当然，这种对义务的遵循也有着好与坏的两面性。一方面，就像秘密警察的例子一样，义务论被认为过于强硬和固执，它无法在要求我们绝对服从的情况下适应日常生活的复杂性。另一方面，义务论能够在许多不同的情况下为我们提供一条清晰且稳定的道路，即使坚持它可能会很艰难。

定言命令

康德对他所谓的"定言命令"的表述与他的整个道德义务论体系是息息相关的。定言命令是一种法则或规则，遵守它只是由于我们是人。这种表述表明，对康德和大多数义务论的形式来说，要求我们履行的特定义务形式并不是我们能够去选择的。

义务论并非自建义务的理论，而是声称人类应当从道德秩序中获得义务并以此指导生活。这便解释了义务论的普遍性、对全人类的适用性，以及合理性——它是一种对道德要求的逻辑形式化，因为人类都具有理性，所以他们都有能力去遵循与

第 27 章　在义务的边界中行事

伊曼努尔·康德以其严格且连贯的道德与哲学体系而闻名。

理解它。康德认为，在定言命令的诸多表述中，我们只应当以一种我们希望其被归为普遍法则的方式行事。这种普遍化不仅意味着它具有了更加广泛的适用性，而且意味着它对每一个理性主体都具有普遍性。例如，你不会希望"在适当时候撒谎"成为一种普遍的道德法则，因此，当秘密警察问你无辜的反对者在哪里时，你就不应该撒谎，即使撒谎这个行为吸引着你。

以行为者为中心和以受害者为中心的义务论

义务论有两方面可以被认为是互补的，即以行为者为中心和以受害者为中心。以行为者为中心的义务论是更加积极的描述，它假定了行为者应承担某些义务。以受害者为中心的义务论则将重点转移到那些如果义务未被履行就会受到不良影响的人身上。这是一种消极的描述，因为它强调的是就他人所拥有的权利而言，哪些事情是不应该对他人做的。定言命令的另一种表述侧重于人的能动性与理性。从这个角度来看，我们不应该把人仅仅看作达到目的的手段，而应该把人当作目的本身来看待。这也就是承认他人也是理性的道德主体。

完全义务和不完全义务

康德将义务划分为四种：对自己的完全义务、对自己的不完全义务、对他人的完全义务、对他人的不完全义务。完全义务的主要特点是它总是适用的。人必须永远遵从完全义务。不完全义务则允许一定程度上的自由。也就是说，尽管我们必须履行不完全义务，但是它可以由我们自行决定在不同的时间以不同的方式来履行。

康德给出了这四种义务的例子。不去自杀即是对自己的一种完全义务。不对他人做出无法兑现的承诺，这便是对他人的一种完全义务。发展自己的才能是对自己的一种不完全义务，而为他人的幸福做出贡献则是对他人的一种不完全义务。这些自我发展以及帮助别人获得幸福的不完全义务允许人们在追求和履行它们的时候存在差异。因此，一个人不需要在自己清醒

定言命令

把每个人都当作理性的主体看待，而不是客体

只以你希望其成为一种普遍法则的方式行事

第 27 章　在义务的边界中行事

四种义务的划分

对自己的完全义务
例如：不去自杀

对他人的完全义务
例如：不做出无法兑现的承诺

对自己的不完全义务
例如：发展自己的才能

对他人的不完全义务
例如：为他人的幸福做出贡献

的每一分钟都去救济他人，我们何时、何地、用何种方式且以何种频率来帮助他人在很大程度上取决于我们自己。选择帮助他人过上幸福的生活是一种道德要求，但是我们达到这一要求的具体细节则由我们自己的生活和目标决定。

康德认为，我们生活的道德世界是一个在很大程度上依赖于人与人之间关系的世界，我们与其他理性主体共享着同一个道德义务和道德目标的网络。

如果秘密警察要求你告知那些无辜反对者的位置，而你知道他们在哪里，你会说实话吗？

第28章

依照德性行事

你想要活得快乐而又有道德吗？你想被塑造成某种类型的人吗？德性伦理学是一种强调人作为伦理主体的发展的伦理理论。因此，德性伦理学有时会被称作一种以主体为中心而非以行为为中心的伦理道德体系。

这并不意味着德性伦理学与行为毫不相关，任何伦理道德体系都必须规定行为方针。更确切地讲，将注意力转移到作为行为人的主体之上是对这样一个认识的承认：当涉及行为时，我们主要关注的是个体的性格特征。

亚里士多德与幸福

德性伦理学始于亚里士多德并传承至今，目前仍有许多该理论的支持者主张将亚里士多德的原始思想进行改造并推行这种新亚里士多德主义。从亚里士多德的观点出发，我们可以从他的角度来观察生活的目的到底是什么。亚里士多德认为，幸福就是人们在生活中所追求的东西，这一观点没有涉及太多的细节。同样，德性伦理学也追寻幸福，这种幸福的概念比现代的理解更为强烈，现代的理解将幸福简化成了一种快乐、一种短暂的情绪。相比之下，在亚里士多德看来，幸福是需要用一生来获得或经历的，它来自对智慧和德性的亲身实践。

德性与幸福的结合

如果德性伦理学的重点在于我们应当成为什么样的人，那么我们到底应该如何成为这样的人呢？毫无疑问，德性伦理学所关注的即是德性。德性主要体现在赋有德性之人身上，并且这是其主要特征。这并不意味着他们不会做出错误的行为。赋有德性之人很有可能在特定的情况下不能正确地行事，但是其特征是行事不具恶意——也就是不做不具德性的事。行事具有德性是赋有德性之人典型的生活方式。

德性的两种类型

德性自身包含着两种类型，分别是理智德性和道德德性。在另一种普遍的分类中，理智德性被划分为与理论推理相关的德性（理论德性）以及对行为进行思考的德性（实践德性）。道德德性可能包含着那些与你所拥有的相似的特点，如勇敢、节制、慷慨、高尚、真诚、友好与正义。亚里士多德认为还有其他类型的德性，如智慧，而今天有许多人认为智慧虽然是一种令人向往的特质，但是并不是一种德性。同时，亚里士多德也忽略了许多在今天可以被列为德性的特质，如自我意识、宽仁，甚至是传统意义上的宗教德性，如慈善或希望。

中庸之道

亚里士多德所说的"中庸之道"是指一种处在两个极端中间的行为方式，它也是一种赋有德性的行为方式。举一个最明显的例子，我们常说的勇敢是不鲁莽也不怯懦的状态。做事莽

无用的哲学

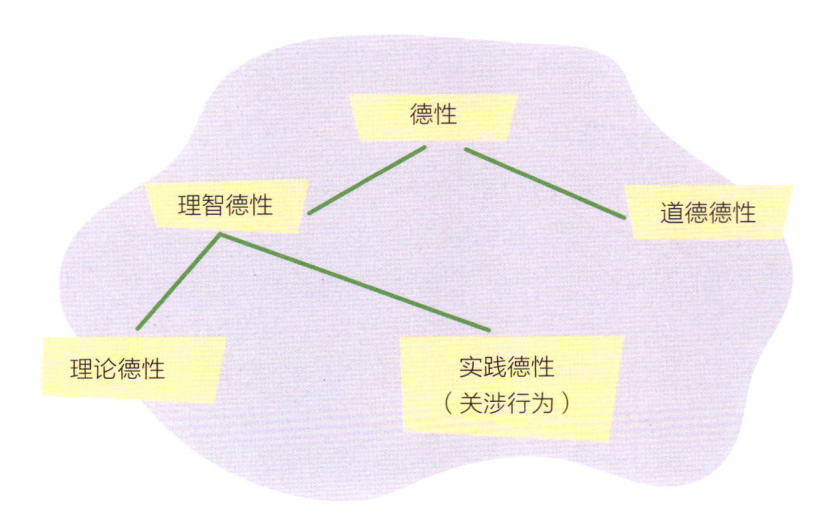

```
           德性
          /    \
     理智德性    道德德性
     /    \
  理论德性   实践德性
           （关涉行为）
```

撞或冒失就是一种过于勇敢的极端，怯懦则是一种不够勇敢的极端。另一个明显的例子是慷慨，它涉及金钱的获取和消耗。慷慨过度是挥霍与浪费，慷慨不足则是小气与吝啬。通往德性的两条错误的道路都是极端的，都不具德性，并且都被认为"没有把握住德性标准"。

作为一种性格状态的德性

德性存在于两种极端的中间，这条标准适用于任何给定的德性。亚里士多德认为，拥有德性意味着拥有一种状态。德性是一种状态的事实再次让人们注意到，德性伦理学关注的是个体的性格，而不是个体的行动。也就是说，不管目前流行的观念是什么，在亚里士多德的思想中，如果你只做过一次勇敢的行为，那你也称不上是勇敢的。你必须具备勇敢的性格，才能拥有这种德性。因此，这种勇敢的状态要成为你自身性格的一部分。

第28章 依照德性行事

例如：勇敢

"太高"
过度
鲁莽

"靶心"
中庸之道
勇敢

"太低"
不足
怯懦

中庸之道

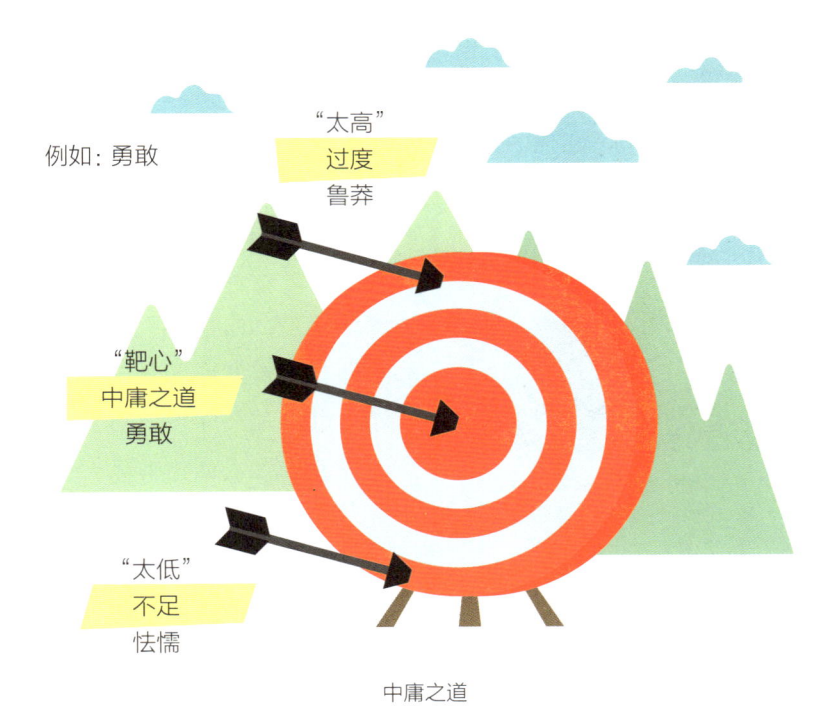

　　如果我们希望更充分地理解德性和行为的关系，我们就要去观察它们是如何密切相关的。一次行为不能造就一个人的德性；只有随着时间的推移，慢慢地、有意识地通过赋有德性的行为积累，人才能达到这种性格状态。当一个人已经习惯了这种性格状态时，他就是赋有德性之人了。在这一点上，德性已经成了人的第二天性，由此其所做出的行为都必然会展现出德性，因为赋有德性之人的行为一定是赋有德性的。

实践智慧

　　所有关于在两个极端之间寻求德性的讨论都导向了一个问题：如何才能实现德性的中庸之道？与这个问题密切相关的

无用的哲学

亚里士多德将德性与幸福联系在一起，他认为德性既有道德的因素也有理智的因素。

是亚里士多德提出的"实践智慧"这一概念。实践智慧不是某种可以轻易获得的东西。相反，它是需要通过年龄的增长来获得的。因此，获得实践智慧的部分过程就是生命成熟的过程。但是，由于我们每个人都会存在获得实践智慧之前的时光，也就是在年轻时接受教育之前的时光，而恰好就是这一时期，德性习惯化的过程得以发生。只有当德性以性格的形式在某人身上发展出来，并与实践智慧相结合，我们才可以说这个人是赋有德性的。缺乏实践智慧的人，在特定情况下会缺乏以赋有德性的方式行事的洞察力，并且更进一步讲，将无法以赋有德性的行为方式来展现他个人的性格特征。

综上所述，亚里士多德思想下的德性伦理学认为，人类活动的最终目的是获得幸福。人们实现这一目标的道路就是用一生的时间过着赋有德性的生活，而德性在理智和道德的层面上被看作过度与缺乏这两种极端之间的中庸之道。

第29章

审美判断与艺术价值

对艺术的价值判断和鉴赏是因人而异的，各人对其热衷程度也不尽相同，尤其是对那些特定的艺术作品来说。的确，我们每个人的不同品味可能会引起严重的分歧，即明显拒绝承认他人拥有与自己不同但同样正当的品味，拒绝承认"情人眼里出西施"。

一些人很喜欢莎士比亚，另一些人则称阅读莎士比亚的作品是其读书时最糟糕的体验。一个朋友说他认为最新的超级英雄电影很棒，而你却想尽一切办法避免去看这种幼稚的电影。一直以来，我们总有一个甚至连我们自身都没有察觉的观念，那就是其实存在一些标准、原则，或者框架可以用来理解和解释艺术作品的美丽与神奇。但是，对于什么是艺术，什么是优秀的艺术，什么是艺术中的真、善、美，以上这些问题我们能给出什么答案呢？为了接近艺术，我们将着眼于美学。美学是研究艺术的哲学分支，通常情况下局限于研究艺术中的美。美学源自希腊语中的"*aisthesis*"（感觉）一词，指的是视觉和听觉在我们欣赏艺术时所发挥的主要作用。由于美在美学中的重要性，而且美的概念并不局限于艺术，研究美有时也需要关注自然等在艺术之外的其他领域。

无用的哲学

康德：美并非理性

鉴于伊曼努尔·康德在其他作品中将理性置于中心地位，他的美学观点可能会令人惊讶——他认为美与理性是截然不同的。其理论的核心是，在欣赏美的过程中，心灵正"自由游戏"。他的观点集中在概念的作用上，当我们看到美的原貌时，我们的想象力就不会被概念所阻碍。概念是如何阻碍想象力的呢？当我们应用一个概念的时候，无论这个概念是宽是窄，它都会让我们产生一种对目标的独特看法，并阻碍我们在实际体验美时的自由。从第一人称的经验角度来看，康德到底在思考什么，这是具有争议的问题。但承认想象力在我们对美的感知中起到了作用至少有一个原因是，它让我们在感知美时获得了愉悦的体验。康德还认为，美在某种意义上是客观的。这意味着作为美的客体是你我（至少在理论上）都可以获得的，因为我们都拥有人类所共有的一种感知美的能力。

莎士比亚的作品是不是美的？

我们是如何感知美的？

诚然，康德对美的看法是模糊的，但是他的看法很好地引出了美学的思维领域中的不同观点，从而引出了争议的根源。其中一个问题是，美到底是由我们的感官感知到的，还是由我们的理性能力理解到的？康德的上述观点认为，美是通过非理性渠道所获得的东西，这实际上也解释了为什么他没有套用固定的规则或原则来描述这个过程。一些理论家从形式层面将美理解为对一种观念的坚守，即艺术是有规律可循的。而其他理论家则认为艺术是品味的问题，但这并没有使他们相信所有的艺术都与其感知者相关。

抽象艺术与具象艺术

美学中的另一个主要分野不在于区分观察者观察美的方式，而在于艺术的客体本身。这就是抽象艺术与具象艺术之间的区别了。具象艺术试图描绘世界的某些特征，如一朵花、一道风景、一个人或一个事件，它在某种程度上忠实于所描绘的事物；而抽象艺术却并不会以这种写实的方式来描绘事物，相反，它可能会采取一种与艺术家面前的主题完全不同的形式，如果确实有一个主题的话。

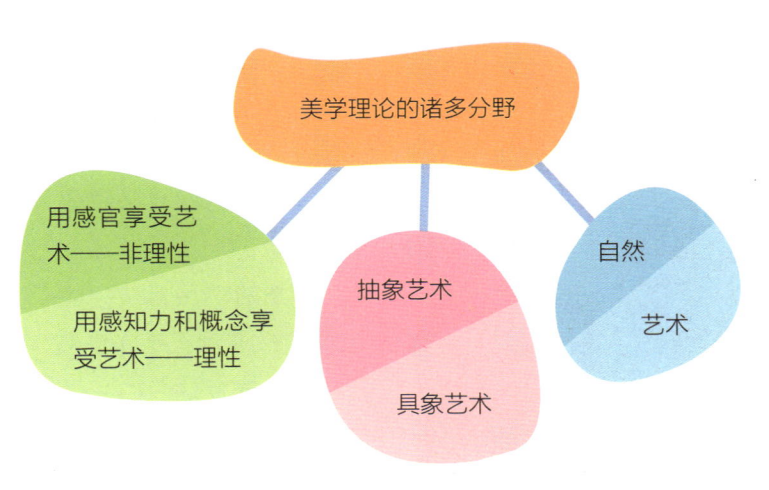

审美判断

无用的哲学

艺术的形式元素

抽象艺术与具象艺术之间的区别是以我们所探讨的艺术客体为基础来定义的，这使得艺术的形式成为焦点。也就是说，艺术被理解为某种可以被看见或听见的东西。从这种意义上讲，形式就是指任何可以体现作品的美的结构。因此，我们在达·芬奇的《蒙娜·丽莎》中所看到的美的形式可以被认为是一种对透视的运用，其画面左右两边不对称，在色彩层次上巧妙地运用了色调的渐变，蒙娜·丽莎本人的柔和轮廓与她身后描绘出的粗犷的乡野线条形成了鲜明的对比。我们也可以更加细致地审视这幅作品，深入探究作品中不同物体之间的数学或几何关系。

我们很容易理解形式主义等权威的审美标准所具有的吸引力。美是一种宝贵的存在，与它的邂逅往往是短暂而罕见的。在寻找无可否认的美的核心时，我们总倾向于认为我们可以在比美本身所允许的更长久的时间里占有它。有一段时间，人们普遍认为没有必要去寻找美的源泉；美源于自然，艺术是对自然的一种模仿。随着艺术评论在19世纪走向成熟，时至今日，越来越多的人强调艺术是美的源泉，或者至少是关注的焦点。美，无论它是什么，我们都必须在自然和艺术的鸿沟与共性之间寻找它。

我们可以从哪些形式方面说明《蒙娜·丽莎》是美的？

第30章

时间哲学

人们很容易认为时间的流逝是理所当然的事情。这并不是指我们消磨它的方式，让有限的时间在不知不觉中从我们身边溜走。更确切地讲，我们认为时间是某种我们再熟悉不过的东西，以至于意识不到我们在对时间的体验上有多么依赖于对它的看法。

如果你有一个装着时针和分针的圆盘手表或时钟，你就可能在某种程度上认为时间是圆的。我们也可以用另一种方式将时间概念化，将它想象成箭头甚至是一条从左向右移动的直线——左边是过去，中间是现在，右边是未来。你或许会认为这只是对时间的一种常识性表现形式。但是，并不是所有社群都这样看待时间。例如，古希腊人认为未来在我们身后，而过去在我们面前。因为未来的事情对我们来说是隐秘的，所以它在我们身后；而过去的事情早已对我们公开，可供我们自由地审视，所以它在我们眼前。

时间的 A 理论与 B 理论

综上所述，我们对时间的理解在很大程度上受到了我们思考它的方式的影响。有些时候，我们很难在排除这些熟悉的解释的情况下思考时间为何。这有助于我们讨论所谓的时间 A

无用的哲学

过去　　　　　现在　　　　　未来

时间进程的常见表现形式

理论和 B 理论，这两种理论在我们如何理解时间上有着激烈的交锋。我们可以将正常的理解方式称作不反思式的常见方法，这种方法将时间理解为过去、现在和未来所组成的整体。该时间理论被称作 A 理论。而另一种受到很多科学家和哲学家青睐的更加现代的理论则是 B 理论。该理论将时间按相对顺序排列，一些事物出现在前，而另一些则出现在后。

这便是时间理论最常见的两种划分，不过这两种观点还有进一步的区别，后文将会继续讨论它们。这些理论不单纯是推测性的，它们对人类生活中的许多领域都至关重要。它们影响着我们如何看待自身以及自身与世界的关系、对变化的认知、对因果的看法、对衰老的见解，甚至影响着我们如何看待时间本身。

从更广阔的角度来看，A 理论呼吁我们对时间要有一种客观的理解，而 B 理论则要求我们将时间理解成相对的。二者的区别表现在，A 理论赋予了现在这一时间点特殊的地位，而 B 理论则否认现在发生的事情具有独特的重要性。在 A 理论中，过去和未来都是与现在关联而被定义的，现在享有特殊地位，因为它是当下的时间，就在你阅读这段话的这一刻。B 理论与 A 理论不同，它不让任何时间享有特殊地位。在 B 理论中，所有的时间都是平等的，即使时间序列规定某些时间在前，某些时间在后。之后，我们将会看到 B 理论的拥护者是如何理解我们所说的现在的。

A 理论：移动聚光灯与时间涨块

在 A 理论中，关于时间为何的阐述仍然多种多样，现在我们来看看其中几种观点。首先我要指出，作为人类的我们如何以不同的方式将时间概念化，以及这如何影响我们对时间本质的理解。以下的时间 A 理论变体创造性地向我们展现出了我们在确定时间概念时对比喻的依赖性。如移动聚光灯理论，正如其名，在该理论中，现在的独特性是通过将其比作移动的聚光灯来解释的，正在发生的事情就如同被聚光灯照亮一般，吸引着人们的注意和重视。

这种比喻很好地展现出了与过去和未来相比，现在所具有的特殊本质，同时也表达了我们认可过去和未来在某种意义上

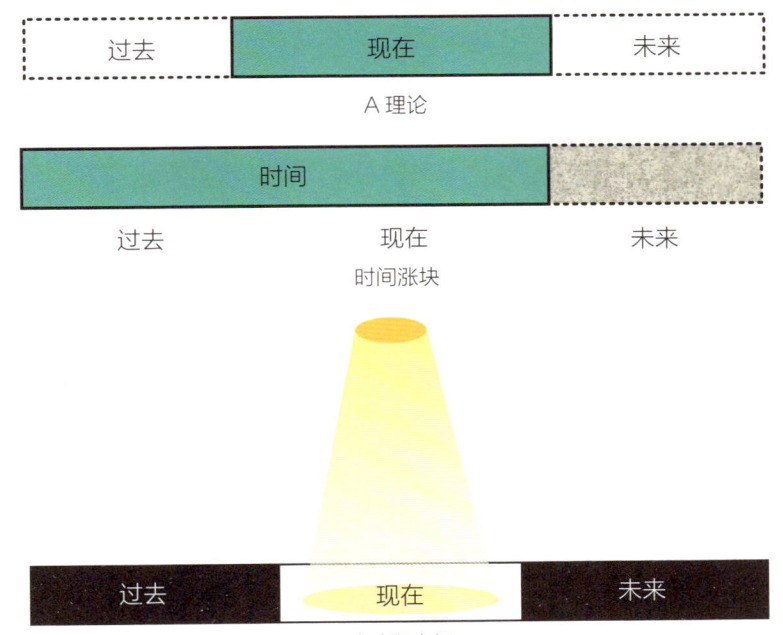

| 过去 | 现在 | 未来 |

A 理论

| 时间 | |
| 过去 | 现在 | 未来 |

时间涨块

| 过去 | 现在 | 未来 |

移动聚光灯

是真实的,但是就像这个比喻所描绘的一样,它们是站在聚光灯之外等待出场的角色。过去和未来存在,但是它们不像现在这样显眼。

另一种观点是时间涨块论。根据这种观点的解释,时间是随着宇宙的发展而增长或形成的。就这样,过去成了现在的一部分,随着宇宙的发展,时间的规模变得比以前更加庞大。还不存在的未来也将会成为现在的一部分,而当它成为现在的时候,它也将成为涨块的一部分,到那时,宇宙将比现在更大。由于这种观点坚持主张现在正不断增长,因此它否认未来在任何意义上的存在。这也就表明了现在并不在未来之前,因为如果未来在当下就存在的话,它早就应该成为涨块的一部分,但显然它没有。

B 理论

与 A 理论不同的是,B 理论一般不给予某一时间特殊地位,尤其不会给现在特殊地位。时间只是传统意义上空间的三个维度之外的另一个维度。时空被理解为统一体,是物体所处的四维时空。这意味着自行车、鲜花和人类在延续的时间里

只有将每一帧时间都组合起来,我们才能正确地理解时间。

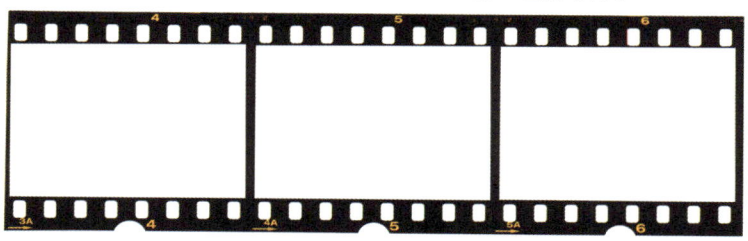

过去　　　　现在　　　　未来
B 理论

存在于一个三维空间中,而不是存在于某个拥有特殊地位且不断移动和转移到新时间的现在。如果 A 理论的首选比喻是一个不断移动的聚光灯或朝着某个方向射出的箭头的话,那么 B 理论可以被理解为一个由一帧帧画面所组成的视频。正如只有将每一帧画面组合起来才能构成一个视频,我们所有的"部分"都是通过三个空间维度与时间维度来延伸的,因此我们才作为人类而存在。

第31章

笛卡儿：我思故我在

勒内·笛卡儿经常提到"我思故我在"，这句话的拉丁语原文"*Cogito ergo sum*"也同样广为人知。这句话我们都十分熟悉，但是它到底意味着什么呢？无疑，这句话所蕴藏的思想肯定不像它自身这样简单明了。

诚然，我们会用"我渴了""我很忠诚""我想……"等句式来表达某些想法。那么当笛卡儿说"我思故我在"的时候，他到底想要表达什么呢？

笛卡儿与怀疑方法

笛卡儿在《第一哲学沉思集》中阐述了他的"我思"，他也在其他作品中提到了这一思想。关于"我思"的探讨出现在该书的"第二个沉思"当中，笛卡儿想要证明人类心灵的本质要比身体的本质更容易获知。在书中，他对我们所能获知的东西进行了延伸性讨论，并提出了"我思"，作为对他采取的激进怀疑方法的一种回答。笛卡儿所采取的方法是系统性地怀疑以前认为自己已经知晓的东西。这是一种激进的怀疑，因为他试图怀疑一切，甚至怀疑那些我们通常认为是理所当然的关于世界的知识：世界存在、世界上有物体、我们正生活在这个世界上。这种怀疑延伸到了我们所看到的形状、运动、位置，甚

第31章 笛卡儿：我思故我在

至是身体本身。这种对怀疑的追求并不像一些人认为的那样，仅仅是一种学术活动，而更像是笛卡儿对自己作为一个人经常陷入错误观点的泥潭的某种承认。笛卡儿曾强调他的事业完全是个人性质的，正如他为其著作所确定的名称一样——"沉思"，而不是当时经常出现在哲学文献标题中的"争论"。他说他希望读者能够和他一起对他所分享的思想展开沉思，这样读者就可以自己评估这些主张。因此，我们也就不会对他将"我思"聚焦在"我"或"自我"上感到惊讶了。

勒内·笛卡儿将自我的概念聚焦在思想而非身体的层面。

无用的哲学

回答怀疑论的疑问

从何种意义上讲,"我思"是对激进怀疑论的一种回答呢?我们先一起看看笛卡儿是如何为他激进的怀疑创造条件的,这样我们就能看到他是如何运用"我思"来解决怀疑论的疑问的。在该书的"第一个沉思"中,笛卡儿已经让我们怀疑周遭一切的真实性了:我们所能看到的天上、地下的一切事物都是虚假的,并且我们错误地相信了它们是存在的;同样,我们甚至错误地相信了我们自己的身体是有血有肉的。

上帝与恶魔

笛卡儿认为,鉴于在我们已有的认知中,上帝是善好的,所以我们不应当期待上帝为这种错误观念负责。因为这样一位仁慈的上帝是不会允许我们受到如此欺骗的。与此相反,我们应当想象世界上存在着某种邪恶的灵魂——通常被后世的哲学家称为笛卡儿的恶魔或邪恶的魔鬼,它汇聚了自己所有的力量来欺骗我们,让我们相信这些谎言。如果我们因为这个恶魔而对这些关于自身与世界的错误观念深信不疑的话,我们又如何能够逃离它的魔爪呢?

笛卡儿面临的问题是,他需要找到某种确定的信念,使他自身的怀疑倾向能够在这种信念中扎根,而该信念必须是一种无懈可击的原则,并且能够成为后续知识的基础。从这个意义上讲,恶魔就成了他达到这个目标的捷径。就像那个著名的比喻一样,笛卡儿希望在知识的领域拥有像阿基米德在力学领域所提出的支点,虽然他不是要通过这个支点来撬动地球,而是要将所有的知识通过这个支点建立起来。请记住,极端怀疑的立场使我们甚至不能相信我们是拥有肉体的,因此我们处于弱

第 31 章 笛卡儿：我思故我在

就像阿基米德曾经夸口说他只需要一个支点便能撬动地球一样，笛卡儿同样希望有一个坚实的思想支点。

势，而且看起来没有什么东西可以让我们摆脱怀疑。

怀疑即是一种思考

这就是笛卡儿关于自我与存在思想的巧妙而又直接的出发点。他先提出了一个问题，即是否我们对世界和自己身体的所有怀疑会导致我们——或者更进一步用笛卡儿个人的话来说，会导致我怀疑自身的存在。答案是否定的，因为确信我们自己存在的前提就是我们必须是存在的。也就是说，如果我在思考（这不仅适用于我，也适用于任何一个可以思考的人或物），我就不能以我不存在为前提进行思考。思考这一行为的前提是这里有某个人，他确确实实是存在的并且正在思考。但是笛卡儿仍然对这个显而易见的向真理层面的突破进行了检验，并时刻提醒着我们要小心恶魔所带来的威胁，迫使我们思考这种信念

无用的哲学

是否是恶魔强加于我们的。笛卡儿想让我们思考，恶魔是否使我们错误地相信了自己因思考而存在。正是在此刻，笛卡儿思想的光辉耀眼夺目。因为他指出，如果我们真的被欺骗了，那么由于我们被欺骗了，实际上我们仍然在思考着。

因此，即使是在最坏的情况下，即我们被恶魔所欺骗，我们可以怀疑一切，但我们不能怀疑我们正在思考这件事本身。因此，当我思考时，我就存在，这是必然且毫无疑问的真理。我不能怀疑我的存在，因为怀疑是思考的一种形式，它证实了我正在怀疑、正在思考这件事，所以我一定存在。

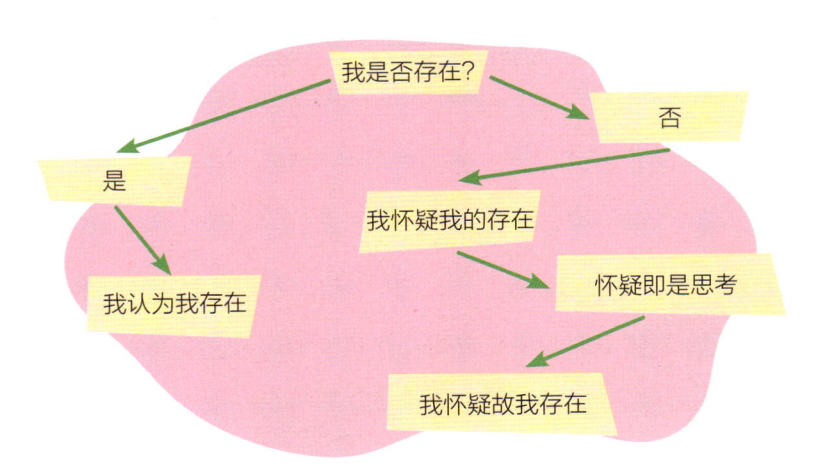

我是否存在？
- 是 → 我认为我存在
- 否 → 我怀疑我的存在 → 怀疑即是思考 → 我怀疑故我存在

第32章

托马斯·霍布斯与自然状态

托马斯·霍布斯（1588—1679）希望过一种和平的生活，远离暴力的威胁。他经历过恐怖的英国内战时期（1642—1651），在他看来，内战如此可怕，所以生活在任何形式的政府的管理之下都要比处于这样一个暴力、不稳定的状态好得多。

但是，要形成能够避免内战的局面是很难的。他的著作《利维坦》正是为了实现这一点而作，为我们提供了一个模板。

自然状态

在霍布斯的理解中，人的自然状态并不值得向往。没有法律和权力来约束人们内心的邪恶冲动，公民社会几乎是不可能实现的。谋杀其实是很容易发生的，因为即使是弱者也可以为了犯罪而拉帮结派，弱者也可以在强者脆弱的时候将其杀害，如在其睡觉时动手，或使用其他手段。强者对弱者有着一种天然的优势，而此等优势可能会被暴力所考验。这种脆弱的自然状态并非只适用于史前时期而现在则隐匿在时间的长河中。相反，霍布斯坚称它适用于任何一个没有既定政府形式，因而对此有迫切需要的时期。

你或许会认为霍布斯夸大了他的观点，因为谋杀只会吸

无用的哲学

引那些真正邪恶的人（谢天谢地，这一部分人只占少数）。然而，他还附加了其他的论据用以支持自然状态必须被政府管理所取代的观点。他认为，在自然状态下，我们将会诉诸暴力来获取我们想要的东西。在没有警察或军队阻止我们的情况下，我们将会运用暴力夺取那些我们认为理应属于自己的东西，并且会使用暴力的手段

托马斯·霍布斯对人在政治国家形成之前的自然状态有一种残酷的现实主义看法。

来防止我们自己的财产和权利受到侵犯。因为这种意愿延伸到了想象层面，恐惧本身就足以使我们倾向于使用暴力。

社会冲突的条件

到目前为止，在霍布斯的理解中，似乎没有给道德金律留有任何余地，即己所欲，施于人；己所不欲，勿施于人。这确实是霍布斯不愿让步的一点。但他确实认为自然状态赋予了我们自我保护的权利。自我保护意识赋予了我们防范死亡与暴力的权利。然而，这也为个人的主观判断敞开了大门，由此确定所面对的威胁是否达到了需要我们用暴力手段来自卫的程度。霍布斯不认为我们可以对这类争议进行裁判。他认为自然状态是一种暴力且失衡的状态，并坚称在这种自由放任的状态下没有谁认为自己是不正义的。目前，我们尚不知晓霍布斯为什么会这么说。这是因为在自然状态下由于缺乏政府管控，所以人们做任何事都拥有正当理由，还是因为在缺失政府（以及政府

第 32 章 托马斯·霍布斯与自然状态

不少评论家认为英国内战所造成的残酷环境为霍布斯的哲学提供了背景和思路。

所属的公民社会）的情况下，人们就意识不到也不会留心追寻和平必须做出哪些行为？问题的答案并不明朗，但是对霍布斯来说，人们就像是从土里冒出来的蘑菇一样，相互之间没有任何联系，只是比较接近罢了。总之，我们可以认为，在霍布斯的判断中存在三个内在的原因引发了不文明的冲突：人们相互竞争，追求荣誉，彼此间却缺乏信任。

利维坦的崛起

正如我一开始提到的，霍布斯想要极力避免的正是这种令人毛骨悚然的自然状态。这不仅仅是一种谨慎的回避，更是一种道德要求：自然状态如此邪恶，我们有义务在实践中避免它。作为其相当悲观的人类状态观念的一部分，霍布斯也相信其他的自然法则。霍布斯罗列出了 19 条法则，它们是由理性所发掘的，一方面是要保护生命，另一方面是要禁止摧毁生命。这些法则的第一条重申了我们必须首先追求和平，而且战争只能

无用的哲学

在它失效后进行。这种对于和平的渴望支配了我们，以至于自然人实际上会为了社会自由而搁置了对一切事物的权利。这种戏剧性的举措目的是将一切的权力都赋予某一实体，无论是个人还是集体，在自然状态下，这些权力是人类集体为自身所持有的。当人们意识到了他们对秩序与和平的迫切需求时，他们就会使自身的自然自由服从于政治秩序。这种政治实体被霍布斯称为国家，或利维坦。在这个国家里的个人以一种交换的形式宣誓服从国家——国家获得了权力，人民的安全得到了保障。在这种激烈的权力转让中，个人唯一保留下来的是在身体受到伤害时的自卫权。

正是由此，权力被转移到了一个利维坦手中，在霍布斯的《利维坦》一书的封面上，利维坦被描绘成了一个由无数人构成的巨人国王。这幅画很好地说明了它所代表的社会契约。如果某些政治力量有必要管控处于自然状态的人们，而这种政治力量只能经人民同意才能被建立和维系，那么认为人们必须遵守其中的协议来维系国家的权力，从而避免暴力的自然状态就是十分合理的事情。如果利维坦倒下了，那么他们也将覆灭。

为什么人类的自然状态是如此的"野蛮、肮脏且短暂"呢？

- 为利益而竞争
- 追求荣誉
- 彼此间缺乏信任

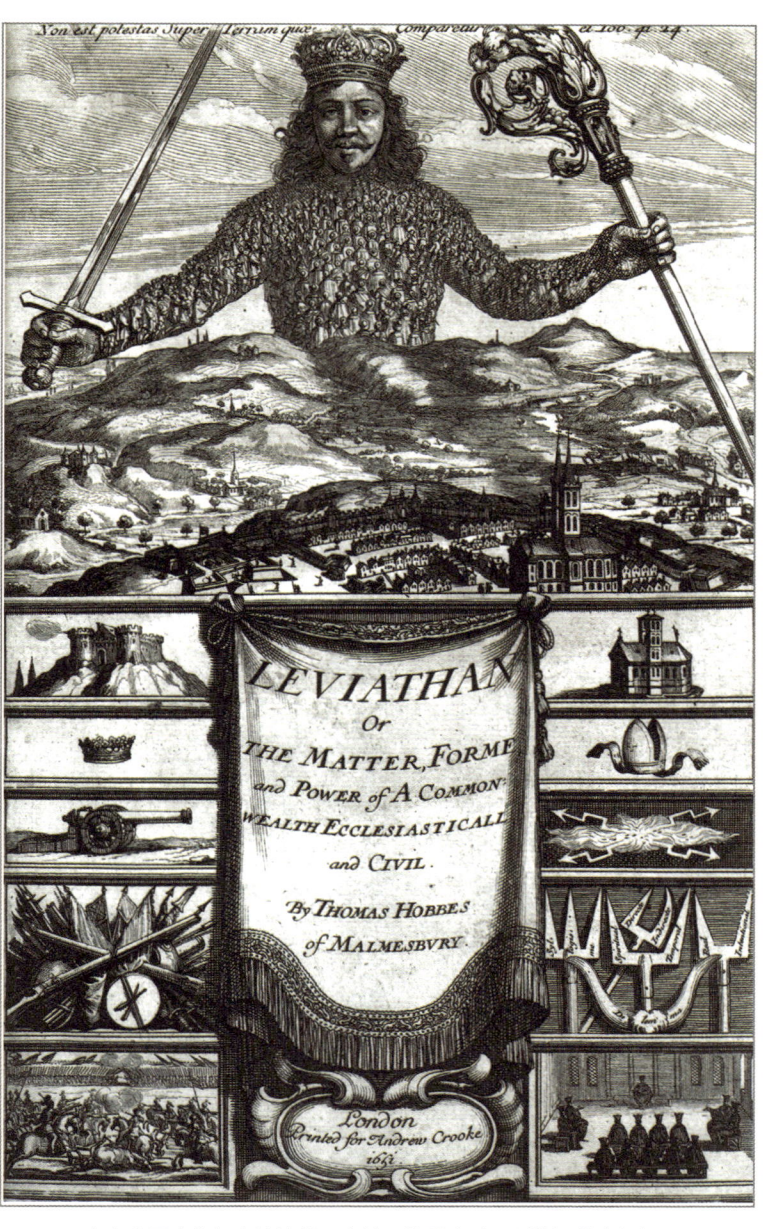

第32章 托马斯·霍布斯与自然状态

当个人同意将权力让渡给一个统一的国家时,利维坦就会崛起。

第33章

乔治·贝克莱：存在即被感知

乔治·贝克莱（1685—1753）是哲学史上一位非常有趣的人物。他不仅是爱尔兰圣公会的一名主教，而且他的宗教信仰对他提出著名的格言"存在即被感知"（percepi est esse）做出了巨大贡献。贝克莱所聚焦的重点是对传统主张物质存在的理论做出批判。

他认为物质不依赖心灵而存在的理论会导向怀疑论，更危险的是它最终会指引人们走向无神论。如果物质确实独立于心灵而存在，我们就不需要上帝这个角色了，因为他是神圣心灵（divine mind），所以贝克莱试图证明唯一存在的事物只有我们心灵中的观念。

我们所感知到的都是我们对事物的观念

当贝克莱将我们感知方式中的两个不同的元素区分开来时，他对物质存在的批判策略就逐渐显露出来了。他说，当我们感知某种物体，如桌子或树的时候，我们所感知到的只是我们对其观点或看法。我们在自己的心灵中并不会拥有一张桌子，而只是拥有桌子的观念。我们可能会认为我们正在感知一个物体，但是我们真正感知到的只是一个观念。正如我们将要看到的，贝克莱甚至不承认我们正在感知世界上的某一物体。他只

第33章 乔治·贝克莱：存在即被感知

承认我们所感知到的仅仅是一个观念，因为我们所感知到的一切都是观念。要理解贝克莱的论证策略，让我们相信所感知的一切事物都是观念，关键在于他将我们所感知到的事物与我们的观念本身等同起来。树只不过是我们所感知到的观念，无论是我们所见到的锥形结构，还是所听到的叶子的沙沙声，或是所闻到的树根与树皮的气味。

从另一种角度出发，贝克莱并不是在描述我们感知一棵树的方式，例如，我们对它产生了一种感知，而这种感知所指的是一棵真正的树。这会把感知理解成树和我们的理解之间的某种媒介或关系。

基于这种被贝克莱所否定的理解，让我们将这棵树称作 C，我们的感知则是 B，而我们自身则是 A。因此，B（感知）位于 C（树）和 A（我们自身）之间。与此不同的是，贝克莱声称，B 和 C 实际上是相同的东西。我们不会感知树，因为感知不是别的，正是这棵树本身。

感知不具有表征性

贝克莱所反对是一种对感知的表征性理解。这种表征性理解意味着世界上是存在物质的，而我们自身感知的作用就是以某种方式将它们在我们的心灵中再现出来。对贝克莱来讲，这是绝不可能发生的事情。因为表征性即是某种相似性，一个观念只能与另一个观念相似，而不可能与某种物质相似。

观念只与其他观念相似

为什么一个观念只能与另一个观念相似，而不能与某种物质相似呢？就此，我们可以讨论两点。其一，我们如何才能知晓，

无用的哲学

与许多现代之前的哲学家一样，贝克莱也是一位神学家，他的哲学思想在很大程度上是为了证明信仰上帝的正确性。

甚至是验证这样一个事实，即某些外部的物质与我们对它的感知或观念相似呢？我们永远无法直接对比作为物质的一棵树与我们对它的观念，因为我们对它的观念穷尽了我们对这棵树的所有理解。其二，贝克莱似乎也认为表征性理解是矛盾与荒谬的。A物质只是一种物质，而一种感知也只是感知而已。所以，物质怎么能与观念相比较呢？这些在根本上毫不沾边的事物之间是没有任何共同之处的。

第33章 乔治·贝克莱：存在即被感知

常识与贝克莱

到目前为止，贝克莱似乎给我们提供了一种激进的思路，它与我们的正常理解和日常经验是相反的。我们一直在感受实体及其特性。难道我们感受不到石头的坚硬，听不到教堂的钟声，品尝不到葡萄的甜美，看不到房子的大小吗？难道这些特性都不属于这些物质吗？贝克莱对此进行了反驳，他会提醒你，这些所谓的特性都是心灵中产生的感知，因此它们当然属于心灵。

我们的常识总是被那些描绘心灵工作方式的表征性图像所吸引，这可能是有原因的。例如，当我们穿过一扇门的时候，我们的心灵似乎总是在向我们传达一种信息，即这里有一扇门，这扇门包含着一扇门板和一个把手，如果我们适当地转动门把手，我们就可以穿过这扇门。我们经常做这一系列的动作。贝克莱认为，如果这里真的有一扇门，那么作为一种物质性的东西，这扇门又是如何让我们在非物质性的心灵中产生关于这扇门的观念的？无疑，这种主张认为肉体和精神的本质如物质和非物质一样相对立，永远不能相互作用，因为它们具有根本上不可逾越的差异。这种关于物质和非物质观念之间不能相互

我们看不到物体本身，而只能看到物体在心灵中的映像。

作用的观点与上文关于相似性的观点类似。就像物质与观念之间必须有某种独立的比较点一样,物质与关于它们的观念之间也必须有某种独立的接触点来相互作用,这样物质才能在我们的心灵中形成观念。

观念的全面性本质以及它是如何渗透到我们的思想中的,这些体现在通常所说的卓越论证(master argument)之上。贝克莱认为,你可以想象一棵摆脱了我们心灵的树,但在你想象的过程中,你自己就在形成一个观念,这就表明一切事物,不管我们是否尝试让其摆脱心灵的加工,它们依然依赖着我们的心灵。

贝克莱的卓越论证

- 贝克莱认为所有存在都是不言而喻的
- 如果你认同这一点,那么心灵就是一切的存在
- 如果你不认同这一点,那么你就是在用你的心灵去想象物质存在于心灵之外,但是这种观念产生于你的心灵,所以物质也存在于你的心灵之中

第34章

大卫·休谟的因果推论

大卫·休谟是历史上一位非常有影响力的哲学家，尽管他的观点大多不为公众所知。我们将会讨论他对人们如何得出他们所认为的因果关系的著名批判。因果关系，以及我们对因果关系的认知，在我们的日常生活中有着广泛的应用。如果休谟的理论推翻了这一概念，那么这将对我们自认为知晓的事物，甚至是我们的生活方式产生可怕的后果。

经验主义与"观念"

休谟首先是一位经验主义者。这意味着他相信一切知识最终都源于感官知觉。他把我们的心理内容大致分成了两类。第一类是印象，它不仅包含感知，也囊括了爱、恨、欲望与意志。第二类是思想或观念。观念依赖于我们的印象，同时也源于我们的印象。基本上讲，观念从印象中提取了一些东西，并从中形成了新的东西。印象与观念是截然不同的，尽管我们需要记住的是观念源于印象，但我们也可以说观念是从印象中"挣脱"出来并独立存在的。我们可以用刚从矿井中开采出来的黄金举例。观念（再次强调，它依赖于印象）就是"黄金"这一概念，我们将其应用在了这种闪亮的黄色矿块上。重要的是，我们要认识到对"黄金"这一概念（或标签）的应用并不是感知本身所固有的。它是我们附加在对这种闪亮的黄色矿块的感知之上的东西。如果我们思考一下如何将这种观念作为一个普遍的概念应用到其他事物上，甚至将这种观念附加在我们所想象的事物上，如设想一座金山，通过这样的方式，我们就能更好地理解这一点。

因果统一性原则

有一种方法可以使我们超越印象与观念的束缚。因果关系就是这样形成并发挥作用的。因果关系建立在我们过往经验的基础上。我们在前天、昨天和今天都看到了太阳升起，所以我们形成了一种观念，即太阳每天都会升起。在这种经验中，还存在一种附加的因素，休谟称之为连接。一天的开始通常与太

"黄金"这一概念并不是感知本身所固有的东西，而是一种我们附加在这种矿块上的描述。

阳升起相连接，在此基础上，我们认为当明天开始时，太阳也会升起。这种规律性的趋势被称为统一性原则。休谟的批判正是针对这种统一性原则的。

那么休谟是如何抨击统一性原则的呢？当两个不同的事件之间保持着恒常连接，如一天的开始与太阳升起之间的连接时，这是否意味着我们认为它们之间存在着一种因果关系呢？休谟将理性的对象分成了两种——观念的关系和实际的事情。观念的关系包括了数学概念以及其他类似的会产生确定性结论的概念。正是在这种意义上讲，1＋1＝2才是具有确定性的结论，由于"1"是一个源自经验或者说由印象衍生出来的概念，如我们从数手指或鹅卵石中得来的概念，所以我们认为"1"在休谟的用法中是一个观念。所以在这个特定的关系中，"1"与"1"相加就是一个观念与一个观念相结合，因此在这个意义上，我们可以把这个简单的数学命题看作一种观念的关系。理性的对象的另一种类型是实际的事情。这种概念不同于观念的关系，因为它们可以直接从自然中观察到。两者间最关键的区别是，实际的事情其实可以被想象成不同于其自身的样子，而不必担心矛盾的产生。观念的关系中的数学真理不可能变成别的样子，因为1＋1＝2必然为真。然而，我们可以很容易地想象明天太阳不会升起，因为就算我们想象明天太阳不会升起，也不会带来任何矛盾。休谟对这两种理性的对象的另一种解释是，观念的关系是必然的，而实际的事情是可能发生的。

因果关系从何而来？

休谟认为，我们的因果关系必须符合观念的关系或实际的事情。除此之外，没有任何范畴可以将因果关系归于其中。再

无用的哲学

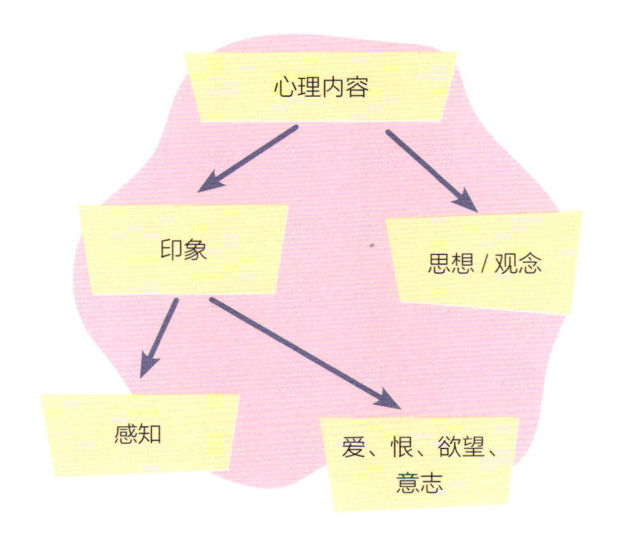

```
           心理内容
          ↙       ↘
      印象        思想/观念
      ↙   ↘
   感知    爱、恨、欲望、意志
```

往前追溯一点的话，我们也可以说因果关系不是一种印象，因为它不是仅凭我们的感官就能把握住的东西，而是某种附加在印象之上的东西。

  因此，休谟会问，如果在统一性原则理解之下的因果关系既适用于观念的关系，也适用于实际的事情，那么它到底属于哪一类呢？他先指出，因果关系不属于观念的关系，因为属于这一范畴的事物必然只是那些自是其是的事物。就像 1 + 1 = 2 不可能不为真，但是对统一性原则来说就不一定了。另一种能够说明这一点的方式是重复我们上面已经讲过的太阳不升起的例子，并将这一思想扩大并普遍化。也就是说，考虑到通常情况下 B 现象是跟随着 A 现象的，我们很容易就能想象出不跟随的情况，这对我们来说是不矛盾的。如果统一性原则不属于观念的关系的话，那么就只剩下它属于实际的事情这种情况了。正如我们所看到的，实际的事情所关涉的事物可以不具有它们

第34章 大卫·休谟的因果推论

本来的面貌，而且不用担心产生矛盾。休谟指出，实际的事情这一范畴背后的推论是可能发生的，也就是说，它以未来和过去相似的原则为基础。根据休谟的观点，这表明了我们对因果关系的理解理所当然地仅仅假定了统一性原则，因为统一性原则就是我们对因果关系的表述。因此，我们对因果关系的推理是不合理的，因为它只是简单的假设而并没有建立在独立论证的基础之上。结论就是我们没有理由相信统一性原则，或者说因果关系，我们只是假设它为真，而它充其量只是具有可能性。

两种理性的对象

- 观念的关系（展现出了确定性并且是必然的），如数学概念中的加减法
- 实际的事情（无法展现出确定性并且只是可能发生的），如树木垂直向上生长，石头是坚硬的

第35章

马克思的历史唯物主义

卡尔·马克思（1818—1883）的思想引起了强烈的反响。他在政治学和哲学方面的著作经常涉及宗教和文化问题，这使他拥有了众多的支持者与批判者。他受过严格的哲学教育，我们可以看到，他的作品反映了他对历史学和政治学的思考，这些思想最终汇聚成了他的马克思主义理论。其理论的核心之一即我们我常说的历史唯物主义。

历史唯物主义的物质观

历史唯物主义建立的前提是：一切都是物质的。作为一名无神论者，马克思坚持唯物主义，这种信念可能部分形成于他的博士论文研究中，这篇论文比较分析了古希腊哲学中对与超自然相对立的自然的诸多解释。关注物质生活条件这一点对正确理解马克思起到了至关重要的作用，因为他的思想与先前几乎所有的哲学家不同，他声称正是社会所具备的物质条件催生出了人类的思维和行动方式，而不是人类的思维催生出了社会。这种观点与黑格尔的思想不同，不过在历史上，马克思深受黑格尔的影响，并将黑格尔的辩证法作为他重要的理论来源。当然，马克思将理论的焦点从观念转移到了作为经济与

第 35 章　马克思的历史唯物主义

政治变革背后驱动力的物质之上。

这些受到马克思高度关注的物质力量，更具体地说是生产资料与生产力。生产资料，或者说参与物质生产的要素，是一个用来指代那些范围广阔的工具、机器、设施、工厂和原材料的术语。当这些要素与人类知识相结合时，就能产生商品和服务。简而言之，生产资料是带来商品和服务的必备物质条件，可以理解为通过一些科技手段而被人类知识加以运用的物质来源。

社会结构的层次

马克思所建立的是一种自下而上的理论。该理论的绝对基础是唯物主义，因为物质条件，即原材料的可获得性与生产资料中的其他要素决定了社会经济的基础。而经济基础就形成了社会结构的第一个层次。社会结构的第二个层次通常被称作上层建筑。构成上层建筑的社会制度在本质上是宗教的、政治的、哲学的以及法律的。社会上的不同阶级就是在这个层次形成的。一方面，经济基础与上层建筑之间本质上是因果关系，因为经济基础先于并决定了上层建筑。另一方面，上层建筑又反作用于经济基础。这是因为在经济改变社

卡尔·马克思从头开始构建他的哲学理论，他关注的是催生出社会的物质条件。

会的同时，人们也在上层建筑的层面寻求经济基础层面的稳定，经济状况的变动将会改变甚至破坏社会结构。马克思看起来希望允许上层建筑的某些要素不受底层经济基础制约。

除了这些，马克思还认为社会生产力是随时间变化的。当生产力开始停滞不前，不再有任何的提高和进步的时候，马克思坚信社会结构将不可避免地受到革命的影响，在革命中，它不仅会被推翻，还会被一种能够提高生产力的结构所取代。

社会阶段

马克思的历史唯物主义理论并不是凭空产生的，而是通过分析社会阶段形成的。人类经历的第一个社会阶段是原始社会。在这个最初级的阶段，社会只不过是家族状态的延伸，男人打猎，女人照料家庭。第二个社会阶段是奴隶社会，在这个阶段出现了社会阶级的雏形，古埃及、古希腊和古罗马都是这类社会的例子。第三个阶段是封建社会，在这个阶段，各阶层都保有一定的权利，但是奴隶仍被视为个人财产。这个阶段的主要生产资料是农业的，农民提供了大部分的劳动力。之后就是资本主义社会，在这个阶段，资本家生产可以用于交换的商品。从封建社会向资本主义社会转变的历史案例包括1640年开始的英国资产阶级革命以及1789年爆发的法国大革命。

阶级划分

马克思有句名言："至今一切社会的历史都是阶级斗争的历史。"我们也可以在上述历史阶段中观察到这种阶级斗争的概念。在奴隶社会中，奴隶是受压迫的阶级，而奴隶主是压迫者；在封建社会中，农民和地主则分别扮演着这两种角色；

第 35 章　马克思的历史唯物主义

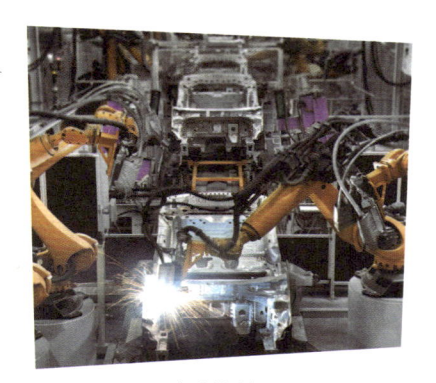

生产资料　＋　人类知识

＝

商品和服务

在资本主义社会中，占统治地位的少数派与被剥削阶级之间的分歧在某种程度上被模糊了，但是雇主和雇员之间的矛盾被揭示了出来。资本主义未能建立起一个自由与平等的社会，这一点可以通过上层精英囤积着绝大部分的社会财富得到印证。最后，社会会发展到共产主义阶段。共产主义最终将会催生出这样一个社会，在这个社会中，每个人都能各取所需，各尽所能，底层阶级在这个社会中不会活得备受煎熬，并且可以在闲暇的时候从事一些有意义的活动。

无用的哲学

经济基础 → 创造并形成 → 上层建筑（宗教、政治、哲学、法律体系） → 支撑并强化 → 经济基础

法国大革命是封建社会向资本主义社会转变的教科书式案例。

第36章

约翰·罗尔斯的无知之幕

不管是孩童还是成年人都会认为公平是人类生活中值得向往的一个方面。无知之幕恰好是一个试图在我们的政治实践中给予公平一席之地的概念，它是由约翰·罗尔斯（1921—2002）在其著作《正义论》中提出来的。在我开始说明无知之幕到底是什么，以及解释罗尔斯为什么会如此看重这个概念之前，我们不妨先看看这个概念在一定的政治背景下是如何与罗尔斯所提倡的更广泛的正义概念相适应的。

原初状态

罗尔斯想要思考出一种方式，通过这种方式，在政治领域中，正义可以在摆脱众人偏见的情况下实现。在他的心中，公平将是应对社会偏见的解药，这些社会偏见包括剥夺不受欢迎的个人或群体的某些权利，这实际上伤害了那些人。他将引导这种正义形式的审议过程称为原初状态。

我们可以将这种原初状态想象成一群普通人被隐藏在了无知之幕的后面。无知之幕并不是一个物理意义上的真实帷幕。悬挂帷幕的目的是不让人们了解彼此的特征，如种族、社会阶层、性别等。罗尔斯认为，如果不让人们了解各自的特征，那

无用的哲学

么人们就不会因为只是碰巧属于某个群体就倾向于将特权授予该群体。例如，如果我想象我并不知道自己是男是女，那么我就不会以牺牲女性的权利为代价而赋予男性特权，因为在无知之幕的作用下，我也可能是女人。让我们明确一点：无知之幕和原初状态是假设的情况，作为一种手段，来澄清我们对政治进程的想法。但是，罗尔斯认为，这种假设的概念与霍布斯和洛克等哲学家所提出的哲学思想是一致的。

原初状态的条件

在典型的情况下，社会中的人们会根据自身的利益选择政治制度的原则，而这通常基于他们自身作为某种性别、种族等群体成员的身份。

这个帷幕将促使人们做出不同的选择。那么不了解自身特征的人又会选择什么样的原则呢？罗尔斯认为，这会促使人们选择那些对所有人来讲最为公平、公正的原则。毕竟，如果不知道自己归属的群体，我们就没有动机去建立一个有利于自己

原初状态

可能不属于其中的群体的社会，更不可能抵触甚至伤害自己可能碰巧属于其中的群体。如果事实上人们并不知晓自己的种族，那么在无知之幕的影响下，人们会同意只让一个种族拥有投票权和财产权，这是不太可能的。因为人们并没有意识到自己的利益到底是什么，这样他们才能通过这个方式达到公平、公正。因此，原初状态被理解为超越个人利益，从而可以将政治事业转化成一个全社会统一的目标。不管我们如何解释原初状态，它都是一种社会契约。

原初状态下的两个原则

罗尔斯认为，如果将所有可以从历史学和政治学中得出的选择都展现给那些处于原初状态的人，则他们可能从中选择出两个原则：平等自由原则与机会平等原则。平等自由原则坚持每个人都享有基本的自由和权利；而机会平等原则更为复杂，其目的是在一个公平的国家中限制那些可能产生社会与经济不

约翰·罗尔斯的政治哲学在过去的40年间产生了巨大的影响。

平等现象的途径。在这里，我们主要详细了解机会平等原则。

机会平等原则

机会平等原则保护的是什么样的自由呢？是言论自由或思想自由；还是作为独立个体的人身自由，如摆脱奴隶身份或有能力选择个人的职业；抑或是法律层面的自由和权利？对这些权利的占有和分配纯粹基于人在社会中的身份，没有其他的原因。

机会平等原则与自由平等原则相关联，并依赖于它。总的来讲，机会平等原则试图认识到这样或那样的不平等总会出现，所以我们应该努力确保这些不平等是公平的。那么，罗尔斯认为他的原则是怎样促进公平的？这个原则有数个组成部分。这些不同部分的相同之处在于，它们都以这样或那样的方式关涉外部财富分配。这些外部财富通常是某些职业或收入，也可以是权力和影响力。所以在这种情况下，罗尔斯想要避免这些财富基于某些不相关的标准，如性别或种族，从而预留给某些人。这个原则也涉及保护弱势群体，即只要人们能够改善弱势群体的生活，社会上的某些不平等是可以被容忍的。举一个例子，一个拿着巨额薪水的职业球队经理，在该原则之下，只有当他所处的文化领域中的最弱势群体也能够因此受益，无论是在金钱方面还是在其他方面，他才能领取这笔薪水。该原则所确保的一个结果是，特权阶级和弱势群体之间的差距，或者我们也可以理解为富人和穷人之间的差距不会扩大到超出必要的程度。

平等自由原则和机会平等原则都是在个人对人类福祉的观念之下运作的。如果某人想要从事某个职业，那么只要他不违反上述两个原则中的任何一个，他就可以去从事那个职业。因此，只要每个人都有平等的机会来获得高薪职位，并且那些最不富裕的人也能从中获益的话，那么赚取高薪或拥有大量政治权力就是可以被容许的。

原初状态下的两个原则

平等自由原则

所有人都享有一系列基本的自由和权利

机会平等原则

财富不是为特定阶层的人所保留的

只要社会中最不富裕的人也能受益，财富占有的不平等就可以被允许

第37章

葛梯尔问题

人类的大脑具有一种特性,即当我们产生并确信某些信念时,就会将其称为知识。但是我们又怎么知道我们到底知不知道呢?在满足哪些条件时,你我才能承认自己确实拥有知识呢?埃德蒙德·葛梯尔(生于1927年)在撰写名为《得到辩护的真信念就是知识吗?》的论文时,对该问题进行了研究。

在研究他所提出的那些引人深思的例子之前,我们应该先了解他所质疑的得到辩护的真信念理论。

什么是得到辩护的真信念?

得到辩护的真信念是一种关于知识的理论,它对我们来说具有直观的吸引力。从最基本的意义上讲,它提出了获得知识的充分必要条件。当这些条件都被满足的时候,我们就可以说某人拥有知识。通常,我们会将信念与知识区分开来。例如,对于前者我们常说我们相信新婚夫妇会白头到老,对于后者我们会说我们知道我们的房子是白色的。信念和知识的区别并不在于二者的重要程度。我们可能更加关心婚姻的延续,而非房屋的颜色。这种差异也不一定取决于我们自身

第37章 葛梯尔问题

对二者的坚定程度，相比于知晓房屋的颜色，一些人往往对信仰上帝这件事更具热情，投入也更多。知识与信念之间的差异，至少在这个描述上是程度上的差异。知识要比信念具有更高程度的确定性。

如果知识与信念的这种关系是正确的，那么在某种意义上讲，知识就是一种信念，因为一个人必须相信他所知晓的事情。当我们讨论葛梯尔问题时，我们将更加仔细地审视这种关系。现在让我们将目光转向得到辩护的真信念中的"真"这一条件。这里面的"真"不是指我们所想的东西——无论它是知识还是信念，它指的是实际事物的状态，某物在现实中是否存在。所以，我的房子是白色的这个命题是否为真，并不取决于我是否相信它是白色的，甚至也不取决于我是否知道它是白色的，而是取决于这间房子实际上是不是白色的。

"得到辩护"这一条件是为了确保知识所具有的前两个要素，即"真信念"是出于合理的理由而得到认同的。出于合理的理由来持守真信念意味着我是以正确的方式来秉持真信念，而不仅仅是因为偶然或运气。所以，如果一个朋友告诉我说她刚养了一只宠物狗，却没有告诉我她养的是什么品种的宠物狗，而当晚我做了一个梦，梦见她买了一只可卡犬，就不能说我认为她拥有的是一只可卡犬这一信念是合理的。即使她真买了这个品种的宠物狗，情况也是如此。假如有人宣称他相信我所断言的事情具有合理性，那么除了其他可能，要么是因为我的朋友告诉了我那条宠物狗的品种，要么就是因为我已经亲眼见过那条狗了。在纯粹偶然的梦中见到可卡犬并不能说明我的这种信念是合理的，或者说得到辩护的。

葛梯尔对得到辩护的真信念的批判

在上述条件下，对知识的阐释必须遵循得到辩护的真信念这条道路。这与葛梯尔在提出他的问题时所批判的理论如出一辙。这些问题的引入是为了表明，即使这些条件都被满足了，我们依旧无法获得知识。得到辩护的真信念是不足以构成知识的。

史密斯和琼斯的案例

葛梯尔所描述的第一个案例的情况有些许不同寻常。我们可以想象一下，有一个名叫史密斯的人，他可能马上就要升职了，不过还有另一个名叫琼斯的候选人也可能获得升职的机会。史密斯非常渴望得到这份新的工作，但是有大量的证据表明他是一个不受欢迎的人。公司领导已经告诉史密斯，琼斯将会是这次晋升的最终赢家。就在当天早上，史密斯还了他欠琼斯的十枚硬币。史密斯清楚琼斯的裤袋里有这十枚硬币，因为他看到了琼斯将其放入了裤袋里。结合公司领导告诉史密斯的事情，即琼斯将会得到这份工作，以及他知道琼斯裤袋里有十枚硬币的事实，史密斯心想：裤袋里有十枚硬币的人将会得到这份工作。

到目前为止，在这个相当诡异的场景中，我们还没有看到

知识就是得到辩护的真信念理论		
得到辩护	真	信念
人们所相信的事情必须有充分的正当理由	这种信念必须与现实相符	这个命题必须得到坚信着它的人的赞同

第 37 章 葛梯尔问题

任何逻辑硬伤。史密斯有理由认为裤袋里有十枚硬币的人将会得到这份工作。

这就是葛梯尔关于知识和得到辩护的真信念的有趣说法。而如果事实是，尽管公司领导告诉了史密斯这件事情，但是琼斯实际上并没有得到这份工作，史密斯最终成了这次晋升的幸运儿。此时我们得到了另一个相关的消息，即史密斯并没有注意到他自己的裤袋里也有十枚硬币。现在，再让我们检查一下史密斯的推理思路，就会发现他已经拥有了一个得到辩护的真信念。他拥有一个信念，"裤袋里有十枚硬币的人将会得到这份工作"，并且这个信念已经得到了证实，公司领导作为一个可靠的消息来源，向他传达了这个信息导致他产生了这个信念，而这个信念为真，因为口袋里有十枚硬币的人确确实实获得了这份工作。但是，尽管上述信念最终演变为真，我们也不能说史密斯拥有了知识。

关于葛梯尔问题的一个简单案例

举一个简单的例子，我们可以想象某人从车窗看到了一只

这个人有理由认为山上有一只羊吗？

无用的哲学

毛茸茸的白色动物正在草地上吃草。根据看到的画面,他有理由认为自己看到的是一只羊。他不知道的是,这实际上并不是一只羊,而只是一只用硬纸板剪成的羊。然而,硬纸板背后确实藏了一只羊。事实上,这个人已经拥有了一个得到辩护的真信念,即他认为自己看到了一只羊,但这仅仅出于运气。我们很难说他明确知晓自己看到了一只羊。

这些所谓的葛梯尔问题层出不穷,表明得到辩护的真信念并不是知识,而在这些条件之外还有某些条件可以用来解释知识。

第38章

托马斯·库恩的科学革命观

作为哲学中的一个独立学科,科学哲学是一个相当现代的思想领域,该学科直到20世纪才生根发芽。然而,如果你认为这个学科研究的对象无关紧要的话,那就大错特错了。

事实上,可能恰恰是因为某些东西对我们如何看待世界来说太重要、太根本了,才让我们认为它们是理所当然的。它们在概念上太根本了,所以隐藏在我们身后,成为我们感知和判断其他一切事物的各种假设的一部分。

知识与理论

当托马斯·库恩(1922—1996)在《科学革命的结构》一书中阐述他对科学进步的看法时,他的脑海里就有了一些与上述观点非常类似的思想。他指出,世界上从来就没有像科学这样直观和清晰的东西,用来解释那些未经阐释的事

托马斯·库恩提出的"范式转移"概念已被广泛应用。

实。事实上，一般的科学也是有假设的，这些假设从过去继承了一套信念或实践，一切信息都要经过这些假设的过滤。

这并不是要对科学实践产生严重的偏见，而是承认那些使科学建立在其上的信息并非不言而喻的。用科学术语来讲，我们必须要有一种理论来适配并解释我们的研究结果。

理论与范式

根据上述观点，理论可以简单到用一项科学成果指导研究。关于这种成果的最好案例便是查尔斯·达尔文所提出的自然选择理论，该理论为后世科学家进行更深层次的科学研究奠定了基础。因为自然选择的思想就可以发挥上面提到的作用，库恩将其称为范式。每一种范式都是科学的模板，让一门既定的科学或其中的一部分得以实践，在这个例子中自然选择理论就是这样一种范式。一个科学范式是理解所研究主题的必要条件。因此，通过指出每只雀鸟的鸟喙如何在自然选择中适应特定的进食方式，如敲开坚果或啄取昆虫，加拉帕戈斯群岛上的雀鸟鸟喙的变化就可以用自然选择的范式来进行解释。

随着范式在解释各种案例时取得了成功，它们的应用范围变得更加广阔。这也意味着它们的用法变得更加明确，并获得了在刚刚开始发展的时候完全不具备的精准性。不过，在将数据或原始信息与范式相适配的过程中，一些难题也随之而来。这些难题需要在这个更大的科学范式框架内来理解和处理。

反常与范式

除了那些出现在既定范式中但已经被解决的难题，和那些促进范式发展的正常研究，还存在着一些"反常"。这些反常

第38章 托马斯·库恩的科学革命观

自然选择的范式是解释雀鸟鸟喙发生变化的重要背景。

出现在科学研究中的正常进程中,它们根本无法用当前的范式来解释。有意思的是,几乎所有的范式都有自己的反常。有时,一个持续的反常可以被融入范式中解决;但是有些时候,如果反常变得十分显著,就会给这个范式带来危机。

范式的危机

所以,范式的危机可能是由某些无法在这个范式框架中得到处理或解释的反常导致的,而这种危机的情况往往是在更长的时间内被评判的。由于现有的范式无法解决反常,我们就需要构建一种带有新规则的新范式来解释这些反常。如果这个新范式成功地解释了旧范式无法解释的反常,新范式就很有可能取代旧范式。

无用的哲学

范式转移

如果真的存在向新范式过渡的情况，那么它要么将旧范式全部替换，要么将旧范式部分替换，因为新范式与旧范式二者不可能相互兼容。库恩将这种替换比作在政治革命中所发生的事情，这种类比重申了新旧范式之间的不兼容性。我们必须从两种范式中选择一种。库恩将采用新范式、摒弃旧范式的过程称为革命。他对这个过程还有一个广为流传的叫法，即"范式转移"。

正如"革命"这个名称所暗示的那样，一场科学革命可以彻底改变人们对这个世界的看法。这是一场科学革命，也是一场感知与思想的革命。因此，达尔文之前的生物学家可能会倾向于忽视鲸鱼的髋骨，而在他之后的生物学家则对从进化的角度解释鲸鱼的骨骼结构充满了兴趣，并将其解释为鲸鱼遥远的祖先所发生的退化遗留下来的原始痕迹。这样看来，范式对于理解和处理数据的必要性也就说得通了。如果信息本身并不能说话，而必须通过某种镜头来解释和过滤，那么镜头的改变就意味着我们将以全新的方式看待以前的事物，而这些以前的事物也将会成为新的事物。

范式——一种科学模板，可以用来理解既定领域中的数据

范式	数据	解释
自然选择	加拉帕戈斯群岛上的雀鸟鸟喙数据	鸟喙的形状会根据雀鸟的不同食物来源发生变化

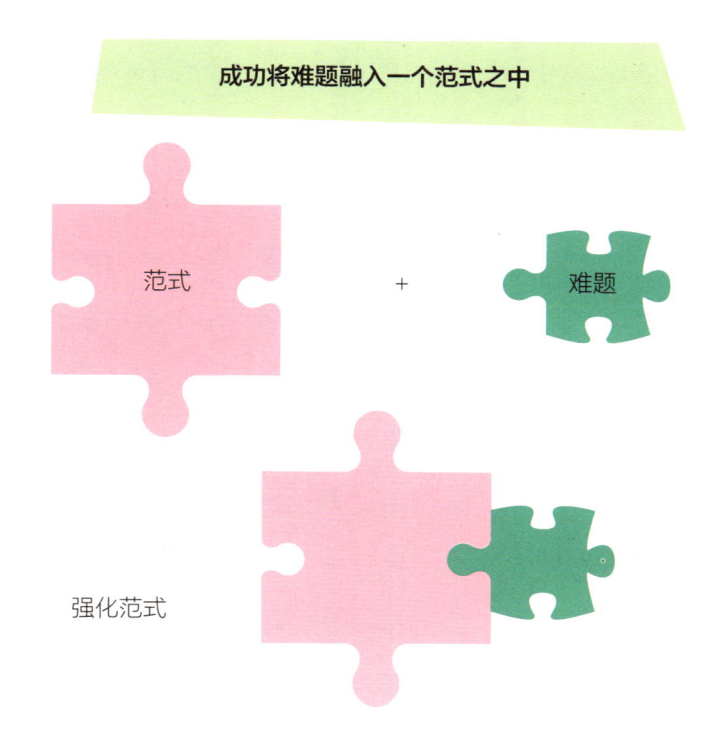

第38章 托马斯·库恩的科学革命观

成功将难题融入一个范式之中

范式 + 难题

强化范式

科学的进步

库恩所讨论的最后一个问题是根据他所提出的科学革命的观点来理解进步的概念。他认为进步与科学的概念有着千丝万缕的联系,甚至可能成为科学定义的一部分。然而令人惊讶的是,库恩并不认为范式转移会让科学家们更接近真理,而是认为范式转移会让我们的科学实践变得更加精确、细致并具有解释性。

无用的哲学

旧范式没有解释反常的余地 　　旧范式被摒弃

范式 + 反常 =

新范式有解释反常的余地 　　新范式被采纳

范式转移

第39章

约翰·塞尔的中文房间实验

约翰·塞尔（生于1932年）曾提出一个叫作"中文房间"的思想实验，旨在反驳机器能够以任何有意义的方式拥有智能的观点。该实验与机器能否思考这一问题有着密切的联系，特别是与机器能否通过图灵测试这一问题密切相关。

图灵测试本质上可以归结为测试计算机智能是否与人类的智能有所区别。既然这个测试是由人类进行评判的，那么辨别这种智能的要求就不是让计算机真正拥有人类的思维，而是让计算机至少能够模仿人类的思维，从而使作为观察者的人类满意。

中文房间简述

塞尔提出的中文房间实验所需要满足的要求比严格必要的还要复杂，所以我将会简化说明，引出该实验的核心。中文房间的初始设定是相当简单的，尽管它看上去有些与众不同。假设你只会说英语，而你独自待在一间拥有大量中文文本的房间里。这些中文文本已经被按类整理好，由此你就可以使用这些文本来书写中文。此外，你还有一本用英语写作而成的规则手册，帮助你匹配中文文本。你实际上对中文是一窍不通的，这

无用的哲学

些中文文本在你眼里不过是一些符号或奇怪的画。规则手册将会指导你如何用中文回答一些问题，这个行为只涉及使用这本手册来将一个符号与另一个符号进行匹配，并且完全不需要有意识地理解中文的含义。因此，规则手册并不是专门为了你而翻译中文的，它不会告诉你这个字是"花"的意思，那个字是"车"的意思，更不用说那些短语和句子的含义了。整个翻译过程对你来说是不透明的。你所做的事情只是遵循规则手册的指引抄写各种图画而已。

此后，戏剧性的时刻来临了。当你独自待在这个房间的时候，一个信使打开了你的房门，并给了你一些房间外的人用中

约翰·塞尔设计了一个思想实验来证明计算机不能思考也不会拥有智能。

文书写的信件。现在你开始工作了。你使用规则手册将一组符号（就是在你眼前的中文文本）与另一组符号相关联，又将一些符号作为回信交给了这位信使。这位信使拿走了你的回信并将它交给了房间外的发信人。这个过程一直持续下去，你就这样与房间外的人进行了长时间的隔空交流。

中文房间不需要理解

很明显，如上文所述，你完全不清楚那些中文信件的内容到底是什么，不知道信件的内容到底是一个故事，还是工作面试通知，或者只是在聊一些无趣的事情。你所做的事完全不需要你理解中文，塞尔认为这实际上与计算机或其他机器处理数据的过程是没有任何区别的。机器只能去做一些被预设的事情，也就是说，它的行动依赖于对某些规则的遵循，这种规则可能是代码的形式，也可能是程序的形式，由此，计算机也就不需要去理解它在做什么了。就像在这个实验中，你虽然不懂那些中文的含义，却仍然可以正确地运用中文并给出答复，计算机在收到某些指示或问题时能够连续给出正确答案的前提是它有一个可以遵循的"数字规则手册"。

从塞尔的观点出发，中文房间表明了计算机只是在机械地遵循某些规则，不仅是在这种简单的情况下计算机不知道自己在做什么，即使是那些拥有最强人工智能的计算机也不知道自己在做什么。当我们思考智能这个概念的时候，除了正确处理数据，我们还要考虑一些事情。计算机并不具备认知、思考或理解的能力，它只是在绝对服从某种规则，而且只要它还在单纯遵循这些规则的话，它就不可能获得这些能力。更重要的是，要求计算机不在遵循现有规则的情况下运行对它来说难于

无用的哲学

登天，因为强制遵循某个程序的规则是一个计算机或机器定义的基础。

对塞尔的中文房间的回应

对中文房间这个思想实验的回应之一是承认在这个房间里的人是无知的，同时指出理解是在更高层面实现的。虽然运用这些符号的人确实是无知的，但将包含着文本、规则手册和房间内的人等所有元素的中文房间作为一个整体来思考的话，那么这个整体可能真的理解了当下正在发生的事情。塞尔不认为这是一个很好的反对意见，因为这个人可以记住规则手册上的所有信息，这样他就可以不依赖于外部的任何东西了。但即使这个人把这些信息都记在脑海里，他依旧不懂中文，因为他不知道这些符号都是什么意思。

中文房间引发了一系列与思维、意向、知觉和意识密切相关的讨论。意识到我们在做什么事情对于理解这件事真的如此重要吗？我们似乎认为这是理所当然的。它揭示出了这样一个事实，即当我们在讨论计算机内部所发生的事情时，就像我们在讨论一个人的思想一样，这些精神活动对我们来说都是隐藏起来的。因此，在计算机这个案例中，我们倾向于从我们的经验出发进行类比。这也表明，即使是在我们观察一个人的情况下，我们也无法接触到其思想，因此，那些看似是在理解的情况下完成的行动也可能只是某人在没有理解的情况下完成的。

第40章

大卫·查尔默斯的哲学僵尸理论

一些人可能会问,僵尸是什么?除了那些在书籍和影视作品中出现的怪诞且恐怖的怪物,哲学家们还呼吁用僵尸来描述一些超越纯粹物质性的东西。主流的描述强调了僵尸的身体方面,即称其为一种没有思想、只有肉体复活的怪物。

僵尸的概念在哲学中的应用与主流描述类似,强调了僵尸无意识这一特征,以想象我们人类是否除血肉、骨骼、脉冲神经元等之外,还由其他非物质元素组成。

僵尸是对唯物主义的驳斥

哲学僵尸经常被用作反例,其存在本身就已经构成了对另一种观点或信念的反对意见。"所有的鸟都会飞"的反例是企鹅。单凭企鹅的例子就足以驳斥这个命题了。而僵尸恰好可以被我们用作唯物主义或物理主义的反例。简单来说,唯物主义就是相信一切事物都是由物质构成的,一切事物都是物理的。唯物主义排除了不可见的非物质灵魂存在的可能性,而且提出我们所具有的一切精神状态最终都只是物质状态。而哲学僵尸

无用的哲学

想要驳斥的正是这种将精神归为物质的观点。

设想一个僵尸

让我们设想这样的僵尸是存在的,并且看看它能否让我们获知意识和精神状态的本质。僵尸应该被看作和我们拥有相同生理结构的存在。当我们想象这种生物的时候,我们需要意识到这种僵尸与影视作品描绘的僵尸不同,因为哲学僵尸在身体方面与其他正常的人类完全相同,无法与之区分。如果僵尸在身体方面与人类完全相同,那么它与我们之间到底有何不同呢?答案是,僵尸缺乏所有的意识体验。

有意识　无意识

你好!我很快乐!　你好!我很快乐!

你　和你一模一样的僵尸

哲学僵尸

第40章 大卫·查尔默斯的哲学僵尸理论

大卫·查尔默斯（生于1966年）基于之前的哲学文献中对僵尸概念的运用，认为我们可以在大脑中设想一个僵尸，它在身体方面与我们无异，但是唯独没有意识，这样就可以证明唯物主义是错误的。换一种说法就是，如果僵尸的存在是可能的，那么唯物主义就是错误的。

如果哲学僵尸的例子还没有明显证明出唯物主义是错误的，那么我们可以将一个正常人与一个僵尸对比，从中得出结论。让我们为自己"定制"一个僵尸，就像我们被要求设想的那样，让这个僵尸在身体上与我们自身完全相同，并且让它缺乏主观意识。它甚至可以在无意识的情况下像我们自身一样行动、交谈，因为这些都是人类在物质层面所具备的能力。说了这么多，既然我们拥有主观意识而僵尸没有，那么这一定意味着有一些东西是属于我们的意识的，而僵尸没有，无论这些东西是什么，它们一定是非物质性的。

对这种说法至关重要的是，唯物主义者们认为，所有的意识体验都可以归结为大脑中的物质状态，如突触放电或其他神经化学过程。这将意识等同于大脑中的物质秩序，仅此而已，不多不少。根据查尔默斯的观点，唯物主义者们必须提供某种解释来说明一个物质性的事物是如何在既定的安排中产生我们所知道的意识体验的。他认为，唯物主义者们无法克服这个障碍，即他们无法将我们用来认识这个世界的精神性与经验性的特质解释成我们身体的纯粹物理性事实。

对哲学僵尸的驳斥

一些人对这个思想实验提出了异议，他们指出，我们不可能设想出一个与我们在身体层面完全一致，却唯独没有主观意识的僵尸。这些人坚持认为，如果一个僵尸在身体层面完全与普通人相同，那么这个僵尸也会像人类一样具有主观意识。他们声称，主观意识是大脑中物质性的生化过程的结果。这个想法的强化版颠覆了哲学僵尸思想实验。"反僵尸"观点的支持者们声称，我们可以设想一个和我们一切物质特性相同且拥有意识的僵尸。既然我们可以设想出这种反僵尸，那么哲学僵尸就不可能存在。无论如何，由于这些思想实验都依赖于某人能够想象出作者所宣称的东西，而这种想象本身就已经成为其思想的胜利宣言，因此，削弱这种论证效力最简单的方式就是声称，你实际上无法想象出你被要求想象出来的东西。

超智能微型人

如果无法理解一个与我们在身体层面相同但没有主观意识的僵尸，那么我们可以考虑一下查尔默斯提出的另一个观点。让我们想象一下，有一群超智能微型人入侵了我们的大脑。这些极端渺小的存在逐渐取代了我们大脑中那些神经系统，他们

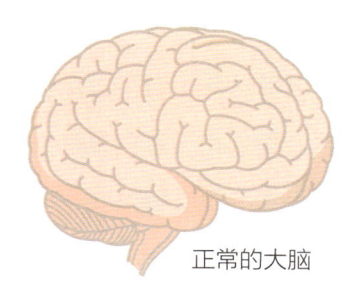

正常的大脑

由微型人组成的大脑是否会像正常的大脑一样拥有意识？

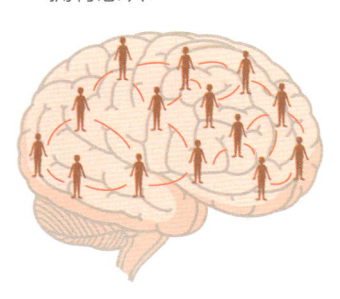

用微型人取代神经元的大脑

第40章 大卫·查尔默斯的哲学僵尸理论

不需要任何电子设备或机械辅助，而仅仅靠着自身运作。就这样，我们的大脑不再由神经元来运作，取而代之的是这些微型人，他们忠实地履行了被他们所取代的神经元的职能，并且像神经元一样相互交流。那么问题是，像神经元一样的微型人所组成的网络是否会产生主观意识？我们可能会认为这个集合体是没有主观意识的。这很难判断，你能想象这些微型人作为一个集合体是具有主观意识的吗？

第41章

罗伯特·诺齐克的体验机

罗伯特·诺齐克（1938—2002）在他的著作《无政府、国家与乌托邦》中针对我们与现实本质之间的关系以及我们对其态度，展开了一项扣人心弦的思想实验。这个实验非常容易理解——我们要想象出一台体验机。

这台卓越的机器是由一群聪明的心理学家发明的，它可以精确地模拟现实情况，而使用它的人实际上一直漂浮在一个水槽内，头上连接着电极。

通过这台机器的模拟，我们可以获得任何形式的体验。我们可以体验成为一名赢得冠军的职业运动员，也可以体验成为一名绘出不朽杰作的画家，或者体验成为一名在古罗马的大竞技场中观看比赛的观众。或许，体验机最重要的特点是，身处其中的你将不会意识到你所经历的一切只是一场虚拟的体验。就连最具沉浸感的电子游戏都无法达到以假乱真的效果，这台机器却可以让你忘记你正处于其中的事实。只要你待在机器里，就能体验到纯粹的满足感。那么现在，诺齐克会询问你是否愿意置身于其中，这个问题备受哲学家们的关注。

我们应当拒绝体验机

诺齐克认为我们不应该选择进入体验机。他讨论了我们不应选择置身于其中的几个理由，或者至少考虑了为什么体验机带来的体验不如现实生活。在构建关于体验机的整体描述时，诺齐克小心翼翼地将其置于一个非常具体的情境中。他所考虑的最重要的问题是，除了我们"内在"的体验，是否还有什么东西值得我们留恋，这个问题他提到了两次。毕竟，如果我们只看重内心的主观体验的话，我们就很难拒绝这个体验机。

在讨论我们应当拒绝体验机时，诺齐克提出了以下几个原因。

原因一：体验 vs 行动

第一个原因是，体验与实际行动之间存在区别。我们想要做一件事是为了体验这件事。他没有解释为什么会这样，但我们确实理所当然地希望通过做某件事来获得某种体验，那么为什么会这样呢？也许，只有当我们以相关方式借助我们的身体去做某件事的时候，我们才会认为自己正在体验这件事。这就解释了为什么当我们梦见自己经历了一场伟大的冒险或看到一部精彩绝伦的冒险电影时，我们并不认为自己实际上已经体验过这些事了。相反，我们认为我们所经历的这些以一种衰减的方式代表着现实。在电影或梦境中，我们有一种体验的感觉，但是与我们在现实世界中亲自做的事情相比，这种体验就明显缺乏参与性了。

原因二：人格的意义

第二个原因是，我们每个人都重视自己作为人的价值。诺齐克认为，如果我们将自己的身体置于机器中，我们实质上就已经不再是人了，因为我们在从那一刻起，就只是一具漂浮在

无用的哲学

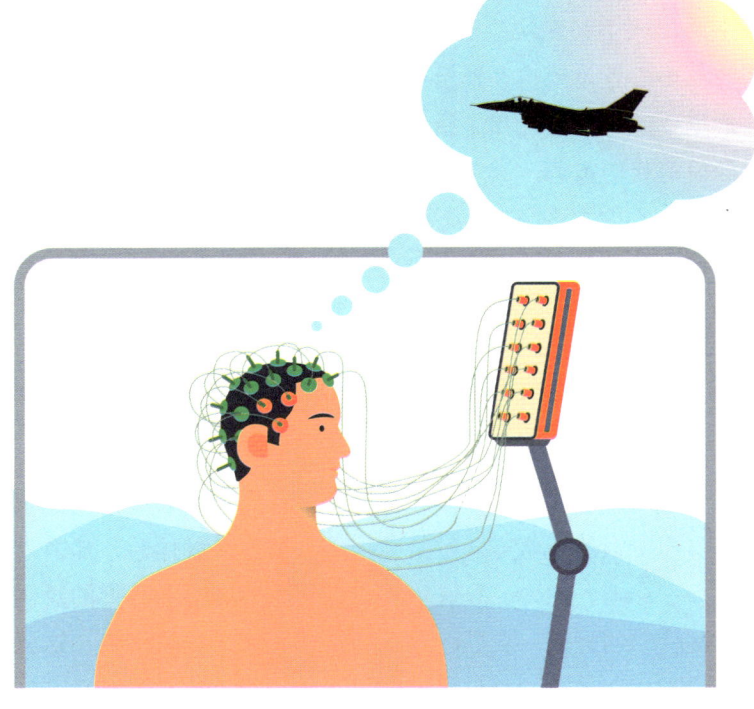

你会把自己连接到一台能够给予你奇妙体验,并使你无法将这种体验与现实区分开来的机器上吗?

水中的躯体了。定义我们的就只是在水中"漂浮的团块",而不是我们认为自己正在经历的事情,如攀登珠穆朗玛峰或探索一个未知的星球。

原因三:局限性

最后一个原因与体验机的狭隘性和局限性有直接的联系。有人可能会认为像体验机这样的发明扩大了人类感知的边界,因为它帮助人们打开了可以获得无限新体验的大门。但诺齐克不以为然。在他看来，我们在其中的所有体验本质上都是由我们自己决定的，我们不会接触人类不关心的事情。我们在体验机中无法与现实中那些未知且出乎意料的方面进行真实的互动，这些方面往往伴随着挑战与危险，与我们作为人类的需求和欲望无关。

体验与快乐

虽然他在此处并没有直接提到快乐，但是体验机实验经常被解释成诺齐克驳斥那些提倡以追求快乐为生活中心的观点的一种尝试。在他之后的著作中，诺齐克再次提到了体验机，这次他确实将这种快乐的体验与快乐的概念相等同。因为他所使用的快乐的概念与体验机中获得的内在体验的概念是十分接近的，所以快乐在大脑中变得更为直接。

在《被检验的人生》一书中，诺齐克提出了一个问题：我们是否会选择余生都与这台机器相连？针对这个改良过的问题，诺齐克认为，除了快乐的体验，人类的生活中还有很多重要的因素。其中一个因素就是当我们快乐的时候所过的高品质生活。他的意思是说，如果我们过着一种肤浅的生活，如像动

我们拒绝进入体验机的原因

- 我们想要通过实际去做某事来获得体验
- 如果我们进入体验机，我们就会变成"漂浮的团块"
- 体验机并不能给予我们真正的体验，因为它给出的只是预先编程好的、毫无危险、没有任何挑战且不真实的体验

无用的哲学

物一样在没头没脑的活动中取乐,这样的生活怎么可能比有深度的生活更可取呢?哪怕在这两种情况下,我们会体验到同样的快乐。

这种高品质的生活强调的是感受快乐之外的生活价值。诺齐克指出,我们不仅要重视自己的内在生活,也需要重视自己的外在生活。我们相信自己的生活方式以及对其重视程度在很大程度上是由我们所生活的世界以及我们与它的互动所决定的。我们欣赏这个世界最真实的样子,而非我们想要的样子,这恰恰印证了我们重视事物的真实性。总之,体验机所呈现的确实是我们想要追求的快乐的体验,但是我们希望那是我们生活在这个不完美世界的结果,而不是通过连接电极从而获得的对完美世界的想象。

罗伯特·诺齐克相信,我们与真实世界的关系不仅仅是由体验构成的。

第42章

托马斯·内格尔：成为一只蝙蝠的体验

有一篇极为激进的文章名为《成为一只蝙蝠是什么感觉？》，托马斯·内格尔（生于1937年）在这篇文章中提出了一个思想实验，旨在强调从特定视角体验生活的完全主观本质。从更加广泛的意义上讲，这个研究涉及了思维与身体的问题，也就是说，研究思维的本质究竟是物质性的，还是说我们必须要从意识等无法简化为纯粹物质的非物质性角度去理解它。

现象学与体验

在哲学领域，现象学所探讨的是从第一人称视角来体验某些事情，从具有优势的"我"的视角出发探索整个世界，并与之进行互动。所以，现象学是我们对世界的思考和感受。从更高的视野来看，现象学其实就是对我们生活中内在体验的全面描述，它反映了塑造我们自我的生理、心理与文化影响。至少包含物质性的客观世界与我们的主观状态，即我们的精神生活，二者具有明显的区别。内格尔认为，我们所体验到的心理现象并不能完全用物质来解释。

为什么要以一只蝙蝠为例?

为了更详细地阐明这种区别,内格尔要求我们想象自己成为一只蝙蝠的体验。他选择蝙蝠作为分析的案例,是因为他认为大多数人可能都会承认蝙蝠可以获得体验,而昆虫却不行。换句话说,如果蝙蝠拥有体验的话,这就意味着"蝙蝠是有感觉的"。这是一个很有趣的例子,因为蝙蝠可以通过回声定位与环境互动,并且可以靠着这种能力来确定物体的形状、大小、位置和速度,这是一种人类从未有过的体验。它们的声呐在一定程度上可以与我们的视觉相提并论,但是因为这种能力太过奇特,导致这种比较可能不太可靠。

托马斯·内格尔问我们是否可以了解蝙蝠的体验。

第42章 托马斯·内格尔：成为一只蝙蝠的体验

内格尔认为，从更普遍的角度出发，他不是在问你我成为一只蝙蝠是什么感觉，而是在问蝙蝠成为蝙蝠是什么感觉。他并不是要求你想象与一只蝙蝠交换身体，由此让你体验到蝙蝠的身体能够体验到的感觉。相反，他的兴趣点主要集中在蝙蝠自身的体验上。因为我们作为人类，在心理与神经层面不具备蝙蝠的特征，所以理论上我们是无法体验到蝙蝠自身的感觉的。如果我们以人类的思维方式和体验方式作为出发点的话，那么这个实验已经结束了，因为这会妨碍我们像蝙蝠一样体验世界。我们无法理解成为一只蝙蝠到底是什么样子的，这个难题也给了我们一个思路，即我们要谨慎地理解包括人类在内的其他生物的主观状态。一方面，我们不应该对除自己之外的生物体验的深浅程度做出假设；另一方面，我们应该承认，每个人都有个人的主观生活，他人的这种生活永远与我们隔绝。这不仅仅是因为他人的主观体验对我们来说是隐匿的，并且被限制在了我们称为思想的看不见且无法辨别的神秘元素之中。更根本的是，我们注定无法理解蝙蝠的体验，因为我们是人类而不是蝙蝠，不具备像蝙蝠那样的思考和感知能力。

体验不是物质性的

内格尔所关注一个问题是心理-物理还原论。这种观点将物理状态与本质上的心理体验相等同。根据这种观点，我们可以把心理状态理解为物质的某种安排。这种观点想要通过科学的推动力，尽其所能地用客观性的概念替换主观性。

内格尔对蝙蝠体验所具有的主观因素的解释其实是为了批判这种唯物主义或物理主义。当然，蝙蝠的例子并没有什么独特之处，因为这种解释也同样适用于其他任何拥有体验的生物。

无用的哲学

蝙蝠与人对树的体验

任何这样的生物对世界的体验都不能仅仅用物质的客观性特征来解释,至少从我们对物质宇宙的理解来看是这样的。当我们将体验领域发生的事情仅仅解释或转化为一种物质层面的理解时,我们就失去了对主观性的把握,而这种主观性正是我们试图去理解的东西。

将体验中的心理事件与物理事件联系起来的一个严重影响在于理解。如果心理事件仅仅是某种物理事件的话,要理解这是怎么回事还有些难。一种说法是,心理现象是由大脑的状态所引起的,即由物理状态引起的。但哪怕我们认为这是对的,这个说法又告诉了我们多少关于心理状态的信息呢?似乎并不是很多。从思想到情绪的全部心理现象,其实在理论上都可以用物理术语描述,但这些术语并没有向我们解释清楚关于心理

第 42 章 托马斯·内格尔：成为一只蝙蝠的体验

的任何内容。听到一首美妙的歌曲时所感受到的快乐，构思一部小说的情节时所产生的想象，这些有朝一日都可以用大脑中突触放电或其他化学反应描述出来。但是，就欣赏歌曲的乐趣或写作带来的想象而言，这些描述并不能告诉我们，它们到底是什么感觉。在内格尔文章的尾声，他认识到这个观点其实是对物理主义思想的威胁。如果"一切都是物质的"这一论述为真，物理主义就需要找到一种方法来识别和解释主观状态，从而保留成为某个人所应该具有的那些特质。

成为一只蝙蝠并不是说把你自己置入蝙蝠的头脑中。

第43章

黑格尔的正反合理论

辩证法的发展在哲学史上留下了浓墨重彩的一笔。在古希腊,柏拉图开创了一项伟大的传统,他将自己的哲学理念以对话的形式阐发。在一场对话中,通常会出现两个对话者,他们共同钻研,并由此抵达真理。

对话者往往持有对立的观点,他们之间的争论不仅仅是为了给对方一次阐述不同意见的机会,也是为了相互了解,从而更进一步地将谈话推进到知识的层面。G.W.F. 黑格尔(1770—1831)将这个过程扩展到两个对话者的范围之外,延伸到了整个哲学领域中。

柏拉图的辩证法

尽管黑格尔认为辩证实践才是哲学真正的内核,但是柏拉图的这种实践方式在解决有争议的问题上依然备感乏力。黑格尔认为,对话的形式有一种孤注一掷的感觉,这阻碍了理论的发展。如果某个命题经过检验被发现存在着缺陷,那么对话者就会将希望寄托在新的命题上,被迫从头开始。

黑格尔的辩证法

黑格尔对辩证法的理解被称为正反合理论,所谓正反合,

第 43 章　黑格尔的正反合理论

黑格尔吸收并改进了柏拉图的辩证法思想，使之成为推动哲学发展的一种有益的形式。

即正题、反题、合题，他设想其中会有实际的发展。虽然他自己并没有使用这些古希腊哲学术语，但是它们精辟地描述了这个哲学思想。在他的构想中，正题、反题、合题不是指三个方面，而是指知识形成过程中的三个连续的不同阶段。第一阶段是正题，是提出一些理论、定义，或一些确定的陈述、想法或主张的阶段。第二阶段是反题，辩证的元素在此阶段呈现。第二阶段与第一阶段是对立的，第一阶段可以说只是提出了一个无异议的观点，第二阶段的陈述则使第一阶段的原始陈述几乎

正题　　　　　　反题　　　　　　合题

肯定的主张　　　对立的观点　　　和解

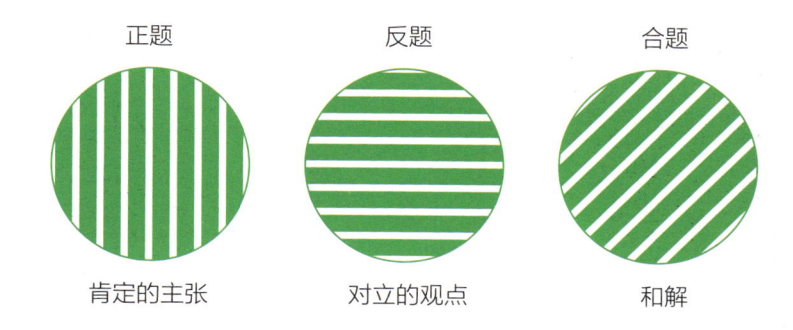

陷入了自相矛盾的境地。在最后的第三阶段，也就是合题，在第二阶段出现的矛盾才得以解决。这种矛盾的解决有不同的特点，但也许我们需要去理解的是，第三阶段是认识到从第二阶段的矛盾中产生了一些全新的认识的阶段。

因此，第二阶段产生的矛盾不仅仅是对第一阶段所提出主张的驳斥，也不是一个死胡同，而是一个起点，或者至少是思想链条上的一个环节，后面还连接着其他环节。第三阶段所得出的结论对黑格尔来讲是非常重要的，这不仅在于它所陈述的内容，还在于它得出这个结论的方式。所以他经常把这个过程称为"确定的否定"（determinate negation）。它之所以是确定的，是因为已经产生出了一个明确且肯定的结果，它并不是一个以彻底破坏原始命题为终点的矛盾。它之所以是一种否定，是因为尽管它是确定的因而包含着一些内容，这些内容也是第二阶段的矛盾带来的。

存在、虚无、生成

这一切听起来可能有些说服力，但仍然相当抽象。所以，在我们看一个例子之前，认识到该理论的抽象性具有某种目的，这对我们来说是很有帮助的。黑格尔所描述的是一切知识的形成，因此，这个过程必须要足够宽泛，以匹配逻辑学、历史学以及哲学等不同学科的场景。关于正反合理论最常见的例子是存在、虚无、生成。如果存在是一种简洁明了的肯定陈述的话，那么虚无就是与存在相对立的观点。这已经相当清晰了。最后是生成，它不是完全的存在，但也不是虚无。它既可以代表存在，也可以代表虚无。

作为一个整体过程的辩证法

从黑格尔的观点中我们可以得出的重要结论之一是，他并没有只强调最后阶段，而是聚焦于整个过程。这在一定程度上是因为他认识到了产生最终结论的推动力其实是这个过程本身。但是，在最后阶段还有另一个因素与过程本身同等重要，即相信在最后的合题阶段本身就包含着一个"整体"。在最后阶段不仅仅产生出了一些以前没有的新产物，最后阶段也包含着前面两个阶段。因此在某种意义上，最后阶段保留了之前所发生的事情，同时在其基础上阐发出新的观点将其取代。如果这个比喻不过分的话，我们可以说合题阶段将前面阶段回收并重塑。这样理解的好处是否定本身并不是独立存在的，因而不会导致正题被完全反驳消除。

黑格尔 vs 柏拉图

黑格尔认为这种三合一的辩证法结构在几个不同方面是优于柏拉图的经典模式的。首先，我们可以说，合题的"有机"表达方式源于前两个阶段。一个既定的正题是不能被随意扔进某些案例中来进行审查的——就像柏拉图在定义勇气和虔诚的时候一样，而是一个能够发展和不断打磨自身的观点。其次，

无用的哲学

| 存在 | 虚无 | 生成 |

辩证法的实例

　　合题其实是在前面论题的基础上不断积累出来的，并将之前的论题提炼成新的东西。再次，这个过程是一种真正的发展，因为后面合题的实例要远比前面所提出来的更加全面。最后，这个过程会走向完结，而依托这个过程所诞生的合题也可以成为一个全新过程的正题。相应地，我们也可以认为在这个新的过程中，已经被证实的一切也同样会被保存在未来的合题中。

　　正是在最后一个臻于完美的观点中，我们看到了黑格尔最受欢迎的思想已经延展到了历史领域。世界处于不断变化的状态，但是每个时代都有自己的特点，时代精神也将从当前范式转换成全新的合题，就像一场场革命引领我们渡过历史的长河来到当下的时代一样。

第44章

纽科姆悖论

纽科姆悖论是一个比较怪异的哲学悖论，它对逻辑学、决策论、哲学，甚至神学都产生了有趣的影响。尽管对这个悖论的解决方案（如果确实存在的话）的分析相当复杂，其本身的设定却相当简单：假设有两个箱子，你必须做出选择，拿走其中一个箱子里面的东西，或者将两个箱子里面的东西全部拿走。

纽科姆悖论的设定

到目前为止，这看起来还是相当简单的，不是吗？你只是在这两个箱子中做出自己的选择，如果发现里面有糟糕的东西的话，就直接将其扔进垃圾桶里。但是，你的选择是存在一些限制的，这些限制会让整件事情变得非常复杂。首先，其中一个箱子是透明的，而另一个不是。你可以清楚地看到透明的箱子里装着什么东西，但是看不到另一个箱子里装着什么东西。在透明的箱子里有1000英镑（或者你喜欢的任何一种货币），你可以清楚地看到那些钱。不透明的箱子则存在两种可能性，但是你无法看清里面有什么，这样你也就不清楚里面到底是哪种情况。这两种可能性是：要么箱子里面什么都没有，要么里面有100万英镑。那么又是什么决定了你是否能够得到这笔财富呢？影响这件事情的奇怪因素由此被引出。这个箱子里是空无一物还是有 100 万英镑完全取决于你的选择。这是因为，有这样一个存在，他能够预测你所做出的选择，其预测结果从未出错过。如果他预测出你将拿走两个箱子里的东西的话，那么不透明的箱子里将不会有任何东西；如果他预测出你只会拿走那个装有 1000 英镑的透明箱子的话，他就会把 100 万英镑放进那个不透明的箱子里。

拿一个箱子还是两个箱子

有了这些条件的限制，你会作何选择呢？是拿走一个装有 1000 英镑的箱子，还是两个都拿走呢？你要记住，整件事所依照的条件是，如果这个知道你要作何选择的存在了解到你要拿走两个箱子，他就不会将 100 万英镑放进去。你会如何选择呢？如果你意识到这个存在所具有的预测能力的话，你可能会只选择一个箱子。毕竟，如果你选择拿走两个箱子的话，他就会预测到你的行动并让不透明的箱子里空无一物。所以，如果你选择拿走两个箱子的话，这只会浪费你的时间，因为他已经预测到了这个事实。因此，你最好还是只选择那个装着 1000 英镑的箱子。

两种选择的吸引力

但是，选择拿走两个箱子其实也是依靠理性做出的决断。看着这两个箱子，你心里想：钱可能在箱子里，也可能不在。你自己的想法或选择不可能会影响箱子里面的东西。即使 100 万英镑不在那个箱子里，你至少也能从另一个箱子里得到 1000 英镑。不过，要是 100 万英镑在那个箱子里的话，那对你来说就太棒了。

第 44 章　纽科姆悖论

你也可以通过另一种观点来说服自己，即暗示自己"我没有什么损失"。因为你一共只有两种选择，拿一个箱子与拿两个箱子的结局都是获得 1000 英镑。但是，如果你拿了两个箱子，并且第二个箱子出现意外情况的话，你就可能会获得那 100 万英镑。如果没有，你也仍然会获得 1000 英镑，所以选择拿走两个箱子看起来并不比拿一个箱子的结果差。

当这个悖论被表述出来后，人们通常会对其反应强烈，对是否拿两个箱子产生强烈的意见。假如仅仅从概率的角度出发，选择两个箱子确实更为明智，因为这会将你获得 100 万英镑的可能性最大化；而如果你只选择拿一个箱子的话，那 100 万英镑就绝对不会是你的了。

我们可以说，这种选择对那些关注金钱回报的人，或者那些喜欢从统计学的角度看待这个问题的人很有吸引力。

透明的箱子里有
1000 英镑

不透明的箱子里要么有 100 万英镑，要么空无一物

如果你只选择拿走装有 1000 英镑的箱子的话，那个预测结果绝对正确的存在就会把 100 万英镑放进不透明的箱子中；但是如果你选择拿走两个箱子的话，他就不会把钱放进不透明的箱子里。你会选择拿走一个箱子还是两个箱子呢？

那些被拿走一个箱子的方案所吸引的人们坚定地按照设定的情况进行选择，他们认为试图颠覆那个知晓我们要作何选择的存在所具备的知识是愚蠢的。还有额外的一点，人们很容易将这个存在替换成上帝的概念。因此，纽科姆悖论呈现出了一种神学上的复杂性，同时又渐渐演变成了一个道德问题，因为又有谁愿意挑战上帝的知识呢？

尽管这个悖论的神学解释可能是错误的，但它分离出了解决这个哲学困境的关键要素之一——如果确实存在解决方案的话。这与我们怎样理解这个悖论的价值或者说这个问题的解释框架有密切的关系。我们选择关注的悖论的不同因素似乎会导致我们做出不同的选择。如果我们只关注那个无所不知的存在，并且重视他预测我们未来选择的全面性知识的话，我们当然会选择拿走一个箱子；但是如果我们专注于统计学意义上的可能性与回报程度的话，我们肯定会被另一个选项吸引。

或许在这个悖论中，最有趣的事情莫过于在不透明的箱子里面所发生的事情了。当我们处于抉择中时，这个箱子里面到底有没有100万英镑呢？如果这个箱子是半透明的，我们又会看到什么呢？很明显，这将极大地影响我们的选择，因为如果

拿走一个箱子或两个箱子的原因

一个箱子	两个箱子
如果我拿走了两个箱子，那个存在就会提前知晓我的行动，不在第二个箱子中放100万英镑，所以选择两个箱子是在浪费时间	如果我只拿一个箱子，那么我将会错失第二个箱子里面的东西。没错，虽然它可能是空的，但就算它是空的，我也不会有什么损失

我们看到里面有 100 万英镑的话，我们可能会直接拿走两个箱子。或者，假设钱已经放在里面了，那么在我们选择两个箱子的那一刻，那个存在会不会让里面的现金消失呢？诸多疑问表明，我们在尝试解决这个问题时的假设和解释才是这个思想实验中最为重要且隐晦的因素。

第45章

逻辑实证主义

逻辑实证主义是20世纪初期有关知识本质的一场思想运动，它广泛影响了哲学和逻辑学的实践。逻辑实证主义也可以被称作逻辑经验主义，该理论以严格遵循证实原则而被世人所知。这个原则优先考虑的是表述的真伪，因此，某些命题只有在最后被证明为真或假的时候，才具有意义。在其理论中，某些对事实的主张或断言被证明为假，而不是非真非假。

由于坚持这一原则，实证主义者们认为有些领域的学术追求是毫无意义的，其中包括了伦理学和形而上学的主张、通过启示来获得知识的宗教信仰，以及那些通过个人直觉得出的信念。形而上学是一个声名狼藉的学术领域，这场运动发起人之一的A.J.艾耶尔（1910—1989）曾提出，我们就应该如大卫·休谟的评价一样，将此类投机性的学科"投入火中"。虽然这场运动并没有形成一个正式的组织或团体，但是在20世纪上半叶，许多知名的哲学家，如路德维希·维特根斯坦（1889—1951）和鲁道夫·卡尔纳普（1891—1970）都在许多方面支持了这场运动。在众多观察者眼中，正是这场运动促成了当下分析哲学的流行。

第45章 逻辑实证主义

实证主义的构想

实证主义从它所支持的东西而非它所拒绝的东西这一更为积极的角度来进行描述，它试图通过一种适用于所有学术追求的通用语言来澄清知识，并将其标准化。这种想法源于以语言来表述整个世界的一种渴望——语词应指代世界上的事物或事物所具有的状态。因为外部世界是由我们的感官来验证的，所以我们可以用语言表述来匹配这个世界，以肯定或否定我们的表述是真是假。

A.J. 艾耶尔是20世纪极具影响力的哲学家，也是逻辑实证主义的奠基人之一。

为了将这个观点解释清楚，我们需要从实证主义的角度出发，如果一段表述既不是真的也不是假的，而且不能通过经验来检验，那么这段表述就根本算不上说得不好或者不正确，而是它什么都没有表达。它当然可以表达说话人纯粹的感受，但作为一种表述，它完全就是无意义的。

语言是哲学的焦点

更具体地讲，我们可以将实证主义的构想定义为多个信念的集合，它们在概念上是相关的，并且以哲学与语言的关系，以及语言与人类求知努力的关系为中心。所以，我们其实是在寻求一种方法，使语言标准化，以达到精确性的终极目标。不过我们还需要注意另一个方面，即我们必须拒绝任何不精确且

无用的哲学

毫无意义的学科或主张，因为它们不能通过与现实世界进行谨慎对比来论证其自身的真实性。这包括拒绝那些无法被证实的命题，如"无人具有德性"或"婚姻是一件美好的事情"。我们的语言追求的是精确与清晰，而面对那些千变万化的哲学观点或主张的时候，我们就需要把它们形式化，将其转变为逻辑表述，然后我们就可以用最透明的方法来检验这些表述的真伪了。实证主义抵制理论抽象性，极力避免泛泛而论，而是聚焦在特定环境的细节上。

实证主义看重的是清晰的论证过程，这也意味着它对日常语言的使用十分感兴趣。这部分是因为实证主义承认语言的意义是由使用它的方式所决定的，所以只有将我们全部的注意力集中在语言的实际使用的时候，我们才能理解它的意思。哲学

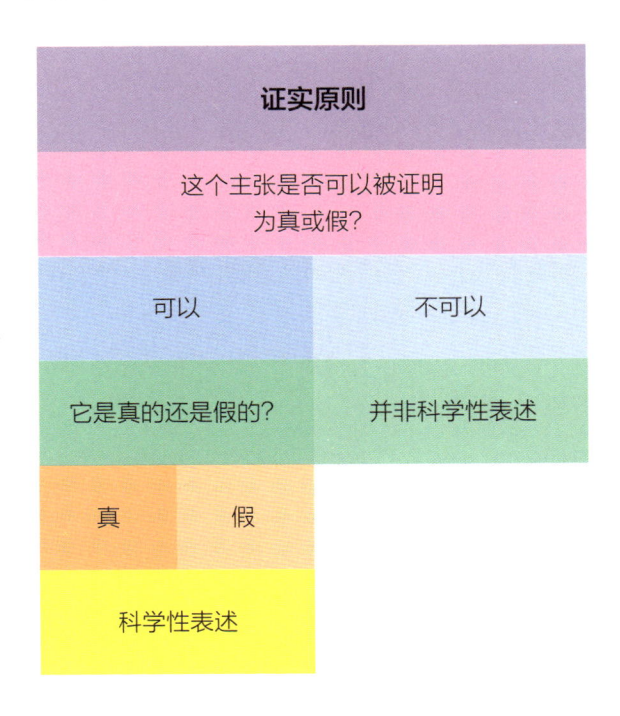

证实原则

这个主张是否可以被证明为真或假？

可以	不可以
它是真的还是假的？	并非科学性表述

真　假

科学性表述

理论通常必须根据语言的日常使用方式进行衡量与理解。

实证主义者追求的是一种纯粹、适用于严谨科学要求的语言,而这就让他们考虑到,语言可以从根本上被追溯到某些基本的表述,它们又与世界上正在发生的事情有所联系,因此这些表述不管是理论上还是实际上都是可观察、可验证、或真或假的。由此,即使是那些旨在表达最复杂难懂的科学理论的表述,也可以被简化为可观察的事件。

实证主义的内部与外部挑战

由于实证主义本身是很容易被普及的,所以它也面临着来自内部与外部的压力。而其中最为显著的来自证实原则自身,它通常被描述成压垮实证主义的主要原因。其主要反对意见认为,该原则本身不受感官检验,那么要如何通过经验手段来证实这个原则呢?因此,许多批评家认为逻辑实证主义是自相矛盾、注定失败的。不过实证主义者们通常会反过来说,证实原则类似于一种传统,或是对研究项目施行的试探性实践指南,而不是一种不可亵渎的法则。

另一个严峻的挑战出现在表述自然与物理的普遍规律上。通过积累引出规律的个别案例当然可以得到证实,但是普遍规律本身往往很难得到证实。这是因为,尽管每一个新案例都可以强化规律的权威性,但也有可能混入一些异常情况使得规律被推翻。因此,尽管根据我们到目前为止看到的每个案例,钢在某个特定的温度下会熔化是正确的,但是我们并不能将这个观察结果表述成一个规律,因为未来可能会出现某种熔点不同的钢材,进而推翻这个规律。而且,即使在最理想的实验环境下,当所有的变量都得到控制的时候,从理论上讲,给定的钢材样品仍然有可能在完全意想不到的温度下熔化。面对这个问题，实证主义者们给出了一个具有争议的解决方案，即一个表述不需要在现实中得到证实，而只需要在原则上得到证实即可。毋庸置疑，由于作为实证主义核心的证实原则带来的巨大困难，实证主义最终也没能从哲学史的发展中幸存下来。

科学定律对证实原则提出的挑战

例如：水在达到 100 摄氏度时会沸腾

在某些地方，水在达到 100 摄氏度时可能不会沸腾，所以：

- 一个人必须了解所有地方的水才能提出定律
- 证实原则不能解释科学定律

第46章

计算机模拟的世界

我们是否生活在一个复杂的计算机程序中？这听起来似乎极其荒谬，但一些哲学家和科学家相信这不仅仅是一种可能性，而且没准是真实发生的事情。在哲学史上，有许多哲学家提出了我们是如何在现实的本质上被欺骗的观点。

柏拉图提出了他著名的洞穴之喻，部分是为了描述我们在对现实的认知中深刻而隐秘的无知。笛卡儿怀疑我们的思维和感官都被一个恶魔所支配，而这只是它的一种变态的娱乐活动。康德将现实分成了两种，一种是呈现在我们面前的现象世界；另一种是事物是其所是的实体世界，而事物的本来面貌完全与其呈现给我们的样子无关。因此，把现实视为一个恢宏的幻觉，这并不是一个全新的想法。

计算机模拟

计算机模拟的相关理论背后所呈现出来的基本思想是，你不仅仅是沉浸在一个计算机程序中，就像一个真实的人沉浸在虚拟现实游戏里一样。其思想更为全面，提出你自己也只是这个模拟现实中的一部分而已：你所认为的你自己的身体、感知、情绪，甚至是你在阅读这本书时所产生的想法，都是由计算机的指令塑造而成的。

计算机模拟我们世界的前提条件

如果这一切都是事实，那么到底是谁创造了这个由计算机模拟的世界呢？而且最重要的是，有什么证据能够证明这一切是可能的？关于这种可能性，我们先要考虑的事情是，这个恢宏的幻觉需要哪些条件才能成真。为了使这一切成为可能，至少在理论层面上，我们的思维必须能够被计算机模拟，这样人类的思维就可以被复制或充分地模仿。创造这些人工思维所需的精确性将与人类的全部经验相媲美，因为这需要考虑到意识所具有的复杂性。这种创造也需要准确重现人体内的感觉与知觉，包括与身体不同的部位和器官的各种互动，并且总体上要提供一种表达喜怒哀乐的方式，以此展现我们是人类这种生物。而因为我们的思维不是一个空空的容器，它充满了对外部世界的各种想法、信念以及欲望，任何想要精准地模拟出思维的程

先进的电脑

已知的宇宙

计算机模拟的世界

第46章 计算机模拟的世界

序都同样需要反映出构成我们思维体验绝大部分内容的外部世界的状况。

模拟的范围和复杂程度

综上,如果要在计算机程序或其他地方模拟出我们的思维,那么整个世界也必须被模拟出来,因为只有这样才能描绘我们内心的状态。由于我们的思维和我们所处的世界都十分复杂,你可能会认为计算机能模拟出这种情况是痴人说梦。这确实需要我们的想象力有巨大的飞跃,但模拟理论的拥护者认为这个条件并不是那么遥不可及。他们指出,在过去的几十年中,计算机的计算能力正以惊人的速度增长。摩尔定律就是一个很好的例子。根据摩尔定律,微处理器的晶体管数量约每两年翻一番,这一预测在最近的几十年中或多或少被认为是正确的,所以计算机的计算能力确实在稳步增长。

这种令人难以置信的技术进步是否会继续保持如此神速,目前还是一个未知数,但是在未来 50 年、100 年或 500 年之后,即使是一台普通的家用计算机也能够拥有远超我们现有理解范

我们宇宙所具有的巨大复杂性能否被解释为是计算机代码运行的结果呢?

围的计算能力，这种预测听起来并不是那么荒谬。

计算机模拟的现实性

既然我们已经在为计算机模拟现实的观点夯实基础，那么我们必须记住这个观点中最重要的部分——如果一台计算机确实模拟出了一个人的思维，那么这个人的思维必然无法确定自己仅仅是一个计算机程序的产物。这种无法区分虚拟思维和现实思维的情况会在以下方面影响这场思想实验。由于在模拟假设的框架下，我们早已承认了一台足够精密的计算机是可以模拟出一个人的思维的，因此，我们可能就是一种非常特殊的模拟对象。比如，拥有先进技术的子孙后代没准能够模拟他们的祖先，这个祖先很可能就是现在的我们。我们还可以想象另一种可能性，即某个外星种族正在进行模拟，而他们模拟出来的就包括我们这个技术落后的文明。无论是哪种情况，任何一个先进到足以创造出模拟世界的社会，同样也会在模拟世界中创造出许许多多的模拟人。他们甚至可能模拟出无数个世界，而这也会增加被模拟出来的人口。

我们是被计算机模拟出来的概率

如果模拟世界有可能存在，那么你很有可能就是其中一个被模拟出来的思维，这样的结果或许会令人不悦。这是因为模拟人的数量将轻松超过真人的数量，而我们又无法确定自己到底属于哪类。既然我们根本无法确定自己属于哪类，那么我们很有可能是被模拟出来的。

模拟理论是否成立取决于我们是否认为思维能够被超级计算机近乎精确地复制出来。这种令人忧虑的可能性也会引发一

第 46 章 计算机模拟的世界

些关于我们自身存在与道德观的问题。一方面,如果有朝一日,我们有能力创造出模拟世界,我们是否应该创造这个世界呢?另一方面,如果我们只是模拟人,这又会对我们的生活产生什么影响呢?

假设可能存在一台强大到能够再现人类思维的计算机。

这样的计算机可以轻而易举地创造出 10 万亿个人类思维,所以模拟人的数量将会远超真人,因此你自己很有可能就是被模拟出来的。

模拟人　　模拟人　　真人　　模拟人　　模拟人　　模拟人

第47章

人格同一性之谜

人格同一性是一个谜。我们日常生活中的基本假设之一就是，我们自己是同一个人，从一般意义上讲，我们与昨天的自己是同一个人，我们与明天乃至无限未来的自己也会是同一个人。但是这种假设的依据很难被确定。

如果我们自身是一个统一体，那么是什么让一个人成了一个人格统一体？我们的主体又是什么？是身体、思维、灵魂或其他东西，还是它们的结合体？我们对这些问题答案的寻求表明了一个问题，那就是鉴于我们很难识别自己的人格，我们到底能不能理所当然地声称自己就是同一个人呢？例如，如果我们等同于我们物质性的躯体，而我们的躯体每天都在发生变化，并且在某一时期，这种变化越发剧烈，这就带来了一个难题：10岁或25岁的凯莉是否与60岁的凯莉是同一个人？很明显，人格同一性的问题与人格的概念密切相关，因为它关系到自我的持续，这在某种意义上也具有宗教内涵，牵涉到了灵魂与来世是否存在的问题。

人格同一性的重要性

当然，我们可以从较为实际的角度出发研究这个问题：我

第47章 人格同一性之谜

们在心理上理所当然地认为我们每天都是同一个人。这就解释了为什么我们会同时在乎对过去的回忆,又抱有对未来美好的渴望,我们认为过去和未来都是我们自己的,因为我们在这两个时间段是同一个人。所以,虽然人格同一性的问题似乎是一种没有必要的揣测,但它至少还是会影响我们的,因为我们都对自己到底是谁怀有一种概念,而这种自我概念肯定会影响到我们的生活方式。

人总是处于变化之中

人在一生中总是处于变化之中,这很难被否认。我们童年与老年的心理差异以及身体成熟与衰老产生的变化总是最为明显的,但是也有一些重要的变化被我们忽视了,如伦理道德观的转变、宗教信仰的转变与记忆的丧失。这些变化都影响着我们到底是谁。考虑到人的变化特质,我们应该如何解释我们是谁?

鉴于我们在回答上述问题时所面临的困难,一种激进的观点认为自我或人格根本就不存在。大多数人很难被这个观点吸引,但是它并不是要否认我们以某种方式存在,而是认为我们对人的概念的认知是混乱的,因为它不与任何现实中的实体相对应。另一种相关的观点认为,尽管我们不是某种单一的统一体,但是我们大脑中具有一系列相互关联的状态与事件,由此构成了我们称为自我的东西。

记忆与人格

在承认这些否定自我存在的不寻常观点的同时,许多思想家都试图构建一种关于自我的理论,来解释我们心理的持续性或连续性。最早投身于这个事业的当属约翰·洛克（1632—1704），他直截了当地认为记忆是决定一个人是谁的关键因素。如果你能从某个真正经历过某件事的人的角度，保留对那件事的记忆，你和那个人就是相同的。

　　托马斯·里德（1710—1796）对洛克的观点提出的著名批判可谓一针见血。里德要我们想象一位勇敢的军官的三个不同的人生阶段。在第一阶段，他是一个在校园中因行为不端经常受到惩罚的小男孩。在第二阶段，身体日渐强壮的他，作为一名年轻的军官，在他参与的第一场战役中展现出了过人的勇气。在第三阶段，步入老年的他被提拔成了将军。里德现在问我们：如果这位军官（第二阶段）能够记得他在学生时代（第一阶段）

约翰·洛克认为，记忆的持久性足以确保人格的同一性。

第47章 人格同一性之谜

的愚蠢行为,而他在成为一名睿智的老将军(第三阶段)后,虽然能够回忆起自己在军官时代的勇敢行为,却想不起来学生时代所受到的那些惩罚了,那又该如何判断呢?

里德认为,按照洛克的观点来看,男孩与年轻的军官是同一个人,而年轻的军官与将军是同一个人,因为他们有相同的记忆。但是我们可能会进而得出一个奇怪的结果,即将军和男孩并不是同一个人,尽管年轻的军官既是男孩,又是将军。

人格的延展性

有些人认为自我是一种在时间上延伸的概念。从表面上看,这个观点似乎有些奇怪。然而,如果考虑到我们在空间上的延展性——作为我们一部分的脚在鞋子里,头可能在帽子里,这种延展性也可以扩展到时间上。在这个语境下,我们能够作为某人而存在是因为可以在空间和时间上延展。

1. 被惩罚的顽皮男孩　　2. 英勇战斗的年轻军官　　3. 被任命为将军的老人

- 2 能够回忆起 1 的存在
- 3 能够回忆起 2 的存在
- 但是 3 不能回忆起 1 的存在

里德的勇敢军官案例:记忆不能作为人格同一性的基础。

无用的哲学

我们的身体在空间中延展：

头在上方

躯干在中央

手臂处于两侧

双脚处于底端

自我随时间而延展：

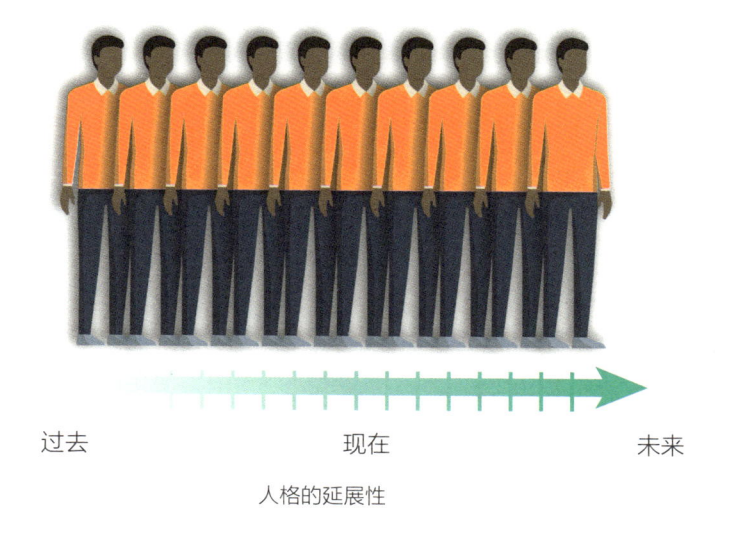

过去　　　　　现在　　　　　未来

人格的延展性

人格与灵魂

证明人格同一性的最常见的方法之一是将自我与灵魂相等同。灵魂的存在和本质是具有争议的，但是许多人仍然坚持灵魂就在我们身体之中的观点。他们认为，灵魂是一种非物质性实体，它总体上承载着我们的精神生活，是我们意识的中心。如果我们把自我等同于我们的身体，那么身体的变化将会摧毁我们的自我。但恰好是因为灵魂的非物质性，他们认为它并不会受到变化的影响，根据这种观点，灵魂作为一种单一主体保持不变，即使它所在的身体以及它所拥有的精神属性随着时间的推移而变化与发展。

第48章

人权的诞生

时至今日,我们已经对人权的概念相当熟悉了。医疗保障、最低工资保障,或是一些更为抽象的概念,如追求幸福的自由、表达自身信念的权利,这些都是被视为人权的或直接或隐晦的例子。主张某种权利是一回事,而表明存在这样一种权利——他人有义务尊重、遵守,甚至应将其写入法律,则是另一回事了。

曾几何时,人权及其概念尚不如现在一般被视为理所当然。如今的讨论往往围绕着什么概念值得被纳入人权中,但重要的是要认识到,我们需要先确立人权的概念。

人权的特征

人权是由多个要素组成的。权利的行使通常被认为是不可侵犯的。人权除了适用于所有时间,它也适用于所有人。所以,人权是普遍适用的。人们拥有并行使这种权利,并且必须得到其他人的承认。与目前的时代最为相关的特点是,人权获得了法律认可。因为这种权利是"人"权,所以它不会从属于任何一个具体的个人,或是某个组织,也不能用金钱买卖来将其变成特权。如果人权是真实存在的话,那它就必须适用于所有人。

第 48 章 人权的诞生

人权是神圣律法的反映

一项权利在成为法律,或是成为一个社群所遵循的习俗前,必须有一个被采纳的理由,否则它就永远无法被视为一项权利。或许人权的概念最早的历史来源之一是对神的诉求。

法国 1789 年颁布的《人权与公民权宣言》是早期宣告人权的纲领性文件。

无用的哲学

人权的特征

- 普遍适用
- 适用于所有时间
- 适用于所有人
- 不可侵犯
- 经常被写入法律
- 具有道德基础

在一个信仰上帝或其他神明的社会，或是那些至少颁布了反映神的意志的法律的政府，人权是社会生活最基本的特征。神明根据人类的本性赋予他们一种权利，使他们有权获得其他人的某种对待。当然，对于那些普遍不相信神学论证的社会，我们会给出其他理由来解释在那些社会中人权是如何实现的。

人权的法律概念

有些人可能会反对天赋人权的观念，因为他们认为这类观念只是流传下来的，或者只是被旁人宣传出来的，而没有任何解释告诉我们为什么要接受它们。然而，人权这种自上而下由命令创造出来的特征也可以在一些人权宣言的法律文件中看到。实际上，法律文件往往不会去隐藏这个事实，它们通常被称作"宣言"——颁布这些法律文件不是为了去说服某些人，而是为了宣布那些已经决定的事情。例如，《欧洲人权公约》指出："不得将任何人蓄为奴隶或者是使其受到奴役。"我们都知道废除奴隶制当然是一件好事，但是文件也没有解释它为什么是一件好事。

第 48 章 人权的诞生

人权是共同的信仰

宗教与世俗政府都承认人权是好东西，但我们又该如何去证明其正当性呢？

一种方法是承认所有社会中人类生活的道德实践与信仰。这种方法有几个问题。我们很难找到所有社会都能同意作为人权基础的人类生活的方面。此外，根据共同的道德制定法律可能会很棘手。如果所有人都同意说谎是不好的事情，那么法律应该如何反映这一点呢？如果真有人撒谎了，我们又该如何惩罚他呢？

尽管如此，在道德的基础上形成人权，无论是否源于宗教，似乎都是一个有希望的开端。这些权利也可以通过聚焦于人类的利益、对现实的考量、人类的需求、公正和平等等方面来证明自身的正当性。其中的一些诉求，如公正和平等，本身就依赖于对正当性原则的预先承诺。因此，如果公平本身不是一种可取的东西，或者不被认为是正当的，它就不能反过来证明这种权利是正当的。

不受奴役这项人权需要人们达成共识。

无用的哲学

哪些权利是人权？

关于哪些权利是人权以及如何确定其结论存在着大量的争议。而其中最具争议的是社会领域的权利。诸如教育、食品和就业方面的权利被大量提出。公民权利和政治权利拥有更为坚实的基础，包括言论自由和集会自由，还有不受酷刑折磨的权利。非歧视性法律在某种程度上可以被视为包含了对人权的呼吁，这种法律认为个体的权利源于共同的人性，这种依据人性所赋予的权利不能因某人属于某个少数群体而丧失。在意识到这些问题之后，人权往往关注那些在历史上受到压迫、虐待或诽谤的人群的权利，强调性别、种族、信仰以及其他方面的平等。

尽管我们可能认为人权的延伸是一件好事，但是这种想法并非无人批判。权利的清单越长，关于权利价值的分歧就越大。另一个我们担忧的事情是，一些被选出的特定权利仅能反映世界小部分地区的情况，这甚至蔓延到了人权的概念本身。也就是说，人权这种来自工业化的西方的观念，可能被强加在不愿意接受它的文化之上。然而，无论它的价值或理由为何，人权都会在未来的很长一段时间里与我们同在。

证明人权正当性的各种理由

| 神圣律法 | 共同的道德 | 平等 | 现实考量 |

第49章

思想实验

思想实验是一种历史悠久的思维工具，它至少可以追溯到古希腊时代。在讨论所有思想实验所具有的共同点之前，让我们先探讨几个例子，这样可能会帮助我们更轻松地理解它们的本质。

思想实验在哲学领域中十分常见。最著名且最被过度使用的例子就是电车难题。这是一个道德困境，涉及两种选择，即要么让一辆高速行驶的电车不受干扰地继续在目前的轨道上行驶，撞死五个被绑在轨道上的人；要么主动拉动操纵杆，使电车转向另一条轨道，在这条轨道上，它只会碾过一个人。

古阿斯之戒

柏拉图曾利用思想实验来探讨那些艰深晦涩的难题，在研究关于日常生活的伦理学时，他也会诉诸思想实验。在神话"古阿斯之戒"中，一个名叫古阿斯的人发现了一枚可以隐身的戒指。柏拉图就此提问，一个正义之士，出于对自己名声的维护通常会做出正义的行为，如果戴上了这枚会使人隐身的戒指，他是否会做出一些不义的行为？在柏拉图看来，一个所谓的正义之士，如果其做出正义行为的主要目的是维护名声，那么他在戴上这枚戒指之后的行为就会和不义之士一样，因为这

无用的哲学

枚戒指可以确保他的罪行不会被揭露。

卢克莱修之矛与亚里士多德

我们要讲的另一个思想实验来自古罗马时期的哲学家卢克莱修,这个实验的目的是捍卫伊壁鸠鲁的观点,即宇宙是无限的。他提出了一种奇思妙想,想象有一个人拿着长矛站在宇宙的边界。当这个人投掷长矛的时候,可能会出现两种情况。第一种情况是,长矛会穿过宇宙的边界,最终到达宇宙之外的某个地方。另一种情况是,长矛会撞到某种墙壁或障碍,阻碍长矛到达宇宙之外的地方,但是这也表明了宇宙之外的领域其实是存在的。这两种情况都能表明宇宙之外的领域是存在的,卢

柏拉图的古阿斯之戒

克莱修把这个实验作为证明宇宙无限性的证据。

亚里士多德在其对宇宙的研究中提出了一个同样富有创造性的思想实验。他让我们思考，当天空停止运动之后，地球会怎样。他问道，如果天空的运动是地球静止不动的原因（如他所设想的那样），那么当天空停止运动之后，地球又会向何处移动呢？

思想实验与科学实验的不同点

柏拉图、卢克莱修与亚里士多德三人都在他们的例子中为我们描述了一些情况，他们让我们自己来思考这些实验所描述的情况，同时通过某些特殊的设定让我们得出的结果与他们的主张相一致。这是思想实验的陷阱之一，因为这些设定与哲学家们声称所要遵循的内容之间存在着潜在差异。我们永远不可能真正地走到宇宙的边界去投掷一根长矛，这些思想实验及其所谓的某种"发现"其实都依赖于我们的想象力。

卢克莱修和亚里士多德的例子是一组很好的对比，因为二者都在讨论宇宙的本质。卢克莱修在他的思想实验中很清楚该

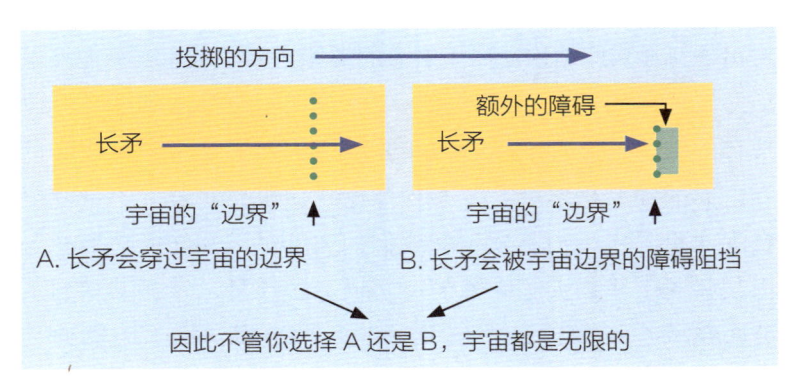

宇宙无限性的掷矛论证

如何运用思维去证明宇宙的无限性；但是在亚里士多德的例子中，我们该如何想象出地球的运动、运动的原因，以及这种运动意味着什么，这些都不清楚。思想实验对它们的支持者来说是很容易被理解的，以至于提出者在有些时候甚至不会告诉我们实验的结论到底是什么！

卢克莱修的案例让我们注意到了思想实验的另一面。顾名思义，思想实验旨在近似或至少象征性地代替科学领域的某种基于经验的实验。考虑到思想实验的应用范围实际上是无限的，甚至科学本身也可以利用思想实验，这也许不足为奇。思想实验确实存在于生物学、数学和经济学等领域。例如，在物理学中，艾萨克·牛顿就曾利用思想实验；另外，有证据表明，伽利略也曾利用思想实验而非比萨斜塔实验得出了他的结论，即在真空中，所有物体都以相同的速度下落。

思想实验中的想象力

然而，思想实验的范围又引发了我们的疑问：思想实验到底是什么？我们要如何去理解思想实验？这些实验对想象力的复杂运用也可以反过来对付它们：怀疑者们认为思想实验不能得出任何形式的结论，而更致命的批评认为，思想实验能够得出结论恰恰是因为参与者受到了哲学家们想象力的引导。即使在最理想的情况下，思想实验所虚构的想象世界与现实世界之间的关系仍然会引发某种悖论——思想实验并不是发生在现实世界中，而是发生在我们的大脑里，却能成功地产生出某些关于我们大脑之外的现实世界的信息，这让人感到十分奇怪。

现在还有一个更深层次的问题：那些全新的信息到底是通

过思想实验进入我们的大脑之中的，还是仅仅从世界上已经存在的信息中提取出来的？在这两种可能性中，我们看到了关于思想实验的两种对立的解释，我们可以将其归结为洞察与论证。如果思想实验偏向于洞察，那么参与者将会从这个实验中洞察或者感知到世界的存在方式，这完全是由实验自身的设计所决定的。如果实验更偏向于论证，那么这个实验就是为了更好地证明某个论点而设计的。无论思想实验的真正内核是什么，我们都清楚即使它们并不总是让我们深信不疑，这些实验也会引人深思。思想实验通常可以被当作一种具有吸引力的说服工具，因为这些实验的内容对我们来说往往很容易想象。

由托勒密扩充的亚里士多德地心说理论在中世纪被广泛应用。

第50章

语言和思维

路德维希·维特根斯坦曾经说过:"语言的界限就是世界的界限。"他还有另一个更为著名的论述:"凡是不可说的事情,我们必须对其保持沉默。"这两种说法深得萨丕尔-沃尔夫假说的精髓,虽然维特根斯坦本人并不是该假说的拥护者。萨丕尔-沃尔夫假说支持这样一种观点,即语言塑造了我们的思维方式,就像我们的思维影响了我们的说话方式一样。

萨丕尔-沃尔夫假说

萨丕尔-沃尔夫假说也被称为语言相对论,它指出我们的思维是由我们所使用的语言决定或限制的。该假说得名于爱德华·萨丕尔(1884—1939)和本杰明·沃尔夫(1897—1941),假说本身也正好融合了二人各自的观点。该假说至少有两个版本。较为强硬的版本认为,我们的思维完全由我们所说的语言决定。较为温和的版本认为,除了语言,还有其他因素可以影响我们的思维,换句话说,思维在一定程度上独立于我们的语言。

语言与思维

萨丕尔-沃尔夫假说之所以被称为语言相对论,是因为如果我们所说的特定语言决定了我们的思维方式,则思维方式的数量至少要和语言的数量一样多。每种语言都有自己特定的概念、理解与框架,思维正是从这些元素中显现出来的。因此,萨丕尔-沃尔夫假说被用来强调语言之间的差异。相比之下,诺姆·乔姆斯基提出了另一种语言理论——普遍语法理论,这个理论断言所有的语言都有共同的结构特征。

日常经验与萨丕尔-沃尔夫假说

如果我们仔细观察这个世界,就很容易发现支持萨丕尔-沃尔夫假说的证据。我们倾向于将自己的思维限制在只包含自身所掌握词汇的讨论中,并且把那些超出我们日常经验的词汇视为某种外来的且难以理解的词汇。

当我们观察各国间的关系时,会令我们感到奇怪的是,那些使用同一种语言的国家,如英国、美国、加拿大和澳大利亚,它们之间的关系要比它们与那些非英语国家的关系要更为密切。如果我们去某个国家度假,又对当地人所说的语言完全不熟悉的话,那么对我们来说几乎没有比这更使自己感到格格不入的经历了。尽管我们与当地人具有某些相同的生活环境,但与那些和我们有相同的语言、思维的环境相比,这种环境可能使我们感到与之疏远。根据萨丕尔-沃尔夫假说的观点,

路德维希·维特根斯坦认为,哲学的一个主要目的就是防止我们被字词所迷惑。

> 无用的哲学

这些现象都并非巧合。

语言的文化表现

上述场景表明，语言具有高度的社交性。语言不仅仅出现在社会和政治领域中，它在社群生活中也是不可或缺的。我们通常在某个社会之中成长，这个社会往往被单一语言所主导。但是，语言本身也会因时间与地点的变化而改变。我们可以思考一下城市所使用的语言与农村地区所使用的语言之间的差异，也可以在同一个国家的不同地区之间发现这种差异。查尔斯·狄更斯所撰写的关于英国的小说与欧内斯特·海明威所撰

不懂一个社会所说的语言就仿佛成了一个外星人。

写的关于美国的小说之所以风格如此迥异，一部分原因就在于英语的表达方式是多种多样的。

语言决定了我们的思维吗？

到目前为止，我们已经讨论了萨丕尔-沃尔夫假说的一个要素，即众多社会之间是如何因为人们使用不同语言而产生差异的。但是在这个假说中还存在另外一个要素，即语言在一般情况下必定存在某些局限性，因为它是语言。如果这是真的，从某种意义上说，我们被自身所说的语言所困，因为我们决定去说的只有那些能够被语言表达出来的内容。在某些方面，这种现象可能比语言相对论更加可怕。因为原则上我们不可能知道语言的界限在哪，这就使知识的可能性受到了质疑。或许某些真理确实不能通过语言来表达。这些概念不能用语言表述出来，如果我们将其表述出来，就可能会显得十分怪异。假如萨丕尔-沃尔夫假说是正确的，那么虽然我们的语言能够告诉我们一些关于真理的信息，但是这可能并不意味着我们在表述的过程中没有扭曲真理。想象一下，真理与知识就像海里的鱼，语言就像一张渔网。如果用渔网去捕鱼的话，我们就不可能看见那些从网孔中溜走的小鱼。同样，所有无法用语言表达出来的真理都会逃过我们的注意，就像那些从网孔中溜走的小鱼一样。语言的局限性不在于它能够表达什么，而在于它不能表达什么。

萨丕尔-沃尔夫假说的局限性

根据上文所述，萨丕尔-沃尔夫假说有强硬的版本与温和的版本。语言相对论的强硬表述似乎注定失败。同声传译员与文字翻译的存在就有力地证明了思想确实可以相当容易地从一

无用的哲学

我们的语言就像渔网

我们只能抓住那些大于网孔的鱼

我们不可能知道哪些鱼从网孔中溜走了

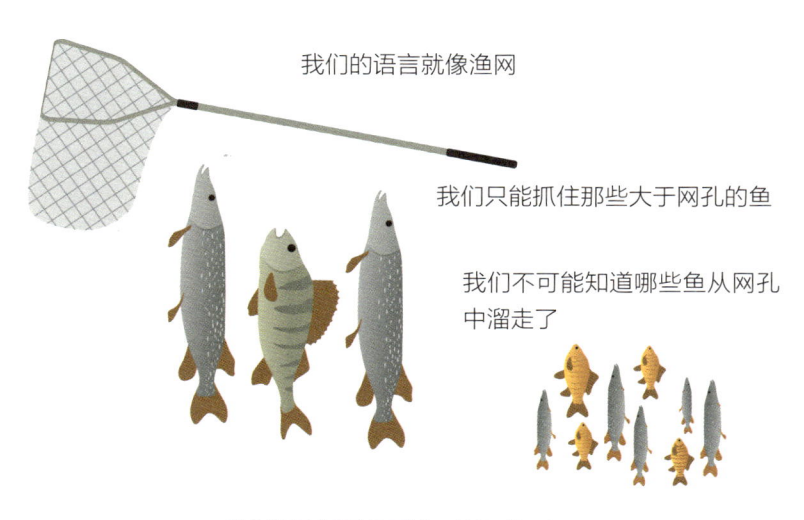

我们的语言限制了我们对世界的理解。

种语言转换成另一种语言。它至少表明一种语言与另一种语言之间具有足够的相似性，来适应日常对话以及书面材料的翻译。

  然而，如果我们更谨慎地来理解这个假说，则我们可以认为使用某种语言的人在大脑中所设想的事情是永远无法被使用另一种语言的人完美重现的。这种说法也许有一定的道理，诗歌就是一个简单的例子，它所具有的美感在一定程度上是通过表达它的声音形式体现出来的。即使这首诗歌以一种优美的方式被翻译成了另一种语言，它也永远无法像原文那样给人留下相同的印象。萨丕尔－沃尔夫假说似乎有一定的道理，尽管我们永远无法掌握它的适用范围。它还提醒我们，每个人的语言和观念的出发点都是不同的，因此，我们在交流时不仅要对那些来自不同文化的人保持同情和耐心，还要将这种态度扩展到那些与我们来自相同文化的人身上。